LET

Monsieur le Président du

SUIV

Mémoire de J

PRÉSENTÉ A MONS

ET A MESSIEURS LES JUGES DE LA PREMIÈRE

Contre Louis MÉNAR

AU SUJET D'UN JUGEMENT, EN 10.000 FRANCS DE DOM

Le 20 Nove

Paris, Octobre 1897.

LET[illegible]

Monsieur le Président du [illegible]

SUIVIE DU

Mémoire de Joseph ARON

PRÉSENTÉ A MONSIEUR LE PRÉSIDENT
ET A MESSIEURS LES JUGES DE LA PREMIÈRE CHAMBRE DU TRIBUNAL CIVIL DE LA SEINE

Contre Louis Ménard et François Mons

AU SUJET D'UN JUGEMENT, EN 10.000 FRANCS DE DOMMAGES-INTÉRÊTS, RENDU PAR DÉFAUT CONTRE LUI,

Le 20 Novembre 1896

Paris, Octobre 1897.

Monsieur le Président du Tribunal civil de la Seine,

Palais de Justice, Paris.

J'ai eu l'honneur, le 23 Octobre courant, de déposer à votre domicile, mon Mémoire au sujet d'un jugement de 10.000 francs de dommages-intérêts, rendu par défaut contre moi, le 20 Novembre 1896, en faveur de Louis Ménard.

Ce Mémoire, un peu trop hâtivement imprimé, renfermait quelques erreurs de chiffres et de texte, je vous l'ai, néanmoins, envoyé, me réservant de vous en faire présenter un exemplaire corrigé.

Je ne veux pas, Monsieur le Président, insister sur l'importance des nombreuses pièces que je soumets à votre haute impartialité. Je pense pourtant que, intéressé, par l'originalité ou plutôt l'absurdité même de cet étrange procès, vous daignerez excuser cette longue défense.

S'il est difficile de se taire quand on juge que son affaire est bonne, il l'est encore plus quand on a la conviction que vos adversaires sont déloyaux et malhonnêtes.

Dans ce Mémoire, je vous annonçais l'envoi de deux documents supplémentaires; le premier, mon Mémoire présenté en 1888, à la Société des Auteurs et Compositeurs français; et le second, le Mémoire adressé en Janvier 1897, à M. le Garde des Sceaux. J'ai l'honneur de vous les envoyer.

Je me permets, à titre d'indication, de vous présenter quelques attendus sous forme de conclusions, que j'ai soumis à mon avoué. Ils ne sont peut-être pas munis de toutes les formes légales, mais ils résument l'affaire, c'est leur seul mérite.

Veuillez agréer, Monsieur le Président, l'hommage de mon profond respect.

Joseph ARON.

Grand-Montrouge, 23, rue Boileau,
le 28 Octobre 1897.

CONCLUSIONS

Attendu que Louis Ménard, par sa requête du 23 octobre 1896, au Président du Tribunal Civil, cherche à établir que, par conventions verbales du *25 mars 1896,* il a cédé à François Mons le tiers de ses droits d'auteur sur sa traduction entière de *Shakespeare.*

Attendu que ces conditions verbales sont contredites et annulées par sa déclaration d'un *premier* traité passé avec Fr. Mons le *1er février 1896* et renouvelé, par un *second,* un mois après, à la même date que le précédent ;

Attendu que la prétendue vente ou rétrocession du *Roi Lear* faite par Fr. Mons à J. Aron ne peut être considérée comme sérieuse et valable, puisque L. Ménard et Fr. Mons s'attribuaient mutuellement la paternité de cette pièce qui n'a jamais été ni imprimée ni jouée.

Attendu qu'aucun des deux auteurs ne peut faire la preuve que cette tragédie lui appartienne et que même il soit capable de la traduire ;

Attendu qu'il appert des correspondances échangées entre Ménard et Mons, qu'il y a eu entente et complicité entre eux pour tromper ou, plutôt, exploiter la bonne foi et la générosité de J. Aron ;

Attendu que Ménard, en faisant opposition sur la totalité des fonds (150.000 francs) déposés chez ses banquiers pour garantir ses 10.000 francs de dommages-intérêts, a déshonoré son crédit et lui a porté le préjudice le plus grave ;

Attendu que Ménard a fait cette opposition chez Morgan, Harjès et Cie, banquiers, avant d'avoir fait signifier le jugement à Joseph Aron ;

Attendu que, parce que J. Aron est *alsacien,* naturalisé *américain,* ne peut, pour ce motif, être considéré *de mauvaise foi,* et s'être *approprié frauduleusement* le *Roi Lear* dont ils se sont servis de complicité pour exercer contre lui une sorte de chantage.

Pour ces motifs,

PLAISE A LA CHAMBRE :

Déclarer nul et d'aucun effet le jugement rendu par défaut contre Aron, le 20 novembre 1896 ; condamner Louis Ménard à tous les frais et dépens et en dix mille francs de dommages-intérêts et solidairement avec lui François Mons... et à l'insertion de ce jugement dans dix journaux de Paris, dont l'un le *New-York Herald,* journal américain.

Et ce sera bien jugé.

MÉMOIRE DE JOSEPH ARON

Présenté à Monsieur le Président et à Messieurs les Juges de la Première Chambre du Tribunal civil de la Seine, contre Louis MÉNARD et François MONS, au sujet d'un jugement en 10.000 francs de dommages-intérêts, rendu par défaut contre lui, le 20 novembre 1896.

Monsieur le Président,
Messieurs les Juges de la Première Chambre du Tribunal civil,

C'est moins un Mémoire qu'un véritable volume que j'ai l'honneur de soumettre à votre impartial examen, mais il n'a pas pu dépendre de moi que ce travail fût plus court. L'importance du débat et la nécessité, pour le justifier et le corroborer, de l'entourer de tous les faits et de le documenter de toutes les pièces de nature à éclairer votre religion, me l'imposaient et m'excuseront, je l'espère, auprès de vous. Toutefois, dans le but de l'abréger et de ne point fatiguer votre attention bienveillante, je me contenterai de reproduire, au cours du récit, les seuls écrits, lettres, télégrammes les plus probants, vous référant pour les autres aux Appendices à la suite de ce Mémoire (1) et au dossier de cette affaire déposé entre les mains de mon avoué, Me Collin, qui le mettra à la disposition de la Cour et de mes adversaires.

Je ne doute pas, Messieurs, qu'en daignant accueillir et examiner ce Mémoire, avec autant d'impartialité que de bienveillance, vous ne me fassiez le même honneur que m'ont accordé, dans le procès Kératry, la Cour de Cassation et la Cour d'Appel d'Orléans.

Comme devant ces deux Cours, je me présente devant vous sans avocat.

Quel est l'objet et quelles sont les raisons du procès que m'a intenté Louis Ménard? Cet extrait de la requête présentée par lui à M. le Président du Tribunal civil de la Seine, le 23 octobre 1896, vous le dira.

« Que, suivant nos conventions verbales du 25 mars 1896, Mons obtenait de Ménard que le tiers des droits d'auteur à lui cédé s'étendît à toutes les traductions en vers pour l'exposant du théâtre en son entier de Shakespeare, dont dix-huit pièces déjà sont traduites en vers par l'exposant... Que Mons avait, par acte sous seing privé du 18 février 1896, enregistré, disposé de la traduction du *Roi Lear* comme si elle eût été de lui en la vendant à M. Aron, moyennant *ainsi qu'il résulte d'un extrait délivré par l'enregistrement* (?)

« 1° 500 francs; 2° 100 francs représentant la rétrocession de la *Belle Grêlée* cédée par acte sous seing privé enregistré le 12 décembre 1895. Que M. Aron, acquéreur de la traduction, est un *Alsacien naturalisé Américain*. Que Mons et lui sont étroitement et depuis longtemps liés d'intérêts... Que la cession du *Roi Lear* a donc été concertée entre eux de *mauvaise foi* — que l'appropriation est évidemment *frauduleuse;* qu'elle a causé à l'exposant un *dommage considérable* (?) »

---

1. Voir Appendice I, page 29 : Lettre de M. Joseph Aron à M. l'avocat général de la Chambre criminelle de la Cour de Cassation du 26 août 1896.

Appendice II, page 31 : Rapport d'Arthur Kahn envoyé à M. Melcot, avocat général à la Cour de Cassation et au Parquet d'Orléans dans l'affaire Aron-Kératry.

QUEL EST L'OBJET DE CE PROCÈS?

Dans la question ainsi posée, et qui, judiciairement, ne peut l'être autrement, se présente toute la substance du présent procès. En effet, quel est l'objet de ce procès? Une pièce de Shakespeare : *Le roi Lear,* traduite en vers français, d'abord par François Mons à l'âge de dix-neuf ans, s'il en faut croire les propres lettres de ce dernier (1), puis, plus tard, le 31 mars 1896, attribuée, par lui, Mons, à Louis Ménard (2), alors que tous les deux, ainsi que vous, Monsieur le Président, pouvez vous en convaincre, sont parfaitement incapables de traduire, devant vous, cinq lignes d'un journal anglais quelconque, et, à plus forte raison, de traduire Shakespeare.

Pour dégager la vérité, Messieurs, dans toute son indépendance et sa loyauté, des mensonges, des abus, des tripotages et même des chantages que depuis dix ans plusieurs aventuriers littéraires, aidés par certains financiers, ont greffé sur moi, il est indispensable de vous parler longuement — non de Ménard, avec lequel j'aurai bientôt fini et que je vous montrerai tel qu'il est, c'est-à-dire un monomane, érudit (c'est possible!), mais probablement victime de François Mons qui lui aura promis monts et merveilles pour lui servir d'instrument; à moins qu'il ne soit le complice de Mons et d'autres personnages, demeurés prudemment dans la coulisse.

S'il ne s'agissait, en ce débat, que d'obtenir l'annulation de votre jugement de 10.000 francs contre moi, il me suffirait, j'en suis convaincu, de vous présenter cet étrange traducteur de Shakespeare tel qu'il se dévoile naïvement lui-même dans sa lettre du 8 juillet 1896 (3) que je reproduis ci-dessous. Après l'avoir lue, il ne vous sera pas difficile de reconnaître à quel burlesque individu j'ai eu affaire dans cette si singulière revendication. J'expliquerai plus loin comment cette lettre me fut adressée. Je vous prie, Messieurs, de comparer cette lettre de Louis Ménard avec celle de son complice François Mons, à moi écrite le 31 mars 1896, et de vous rappeler que, dans sa requête au Président, Ménard donne la date de mars 1896 comme celle de son deuxième arrangement verbal avec Mons. Je les place l'une vis-à-vis de l'autre.

Lettre de François Mons à Joseph Aron.

« Mardi soir, 31 mars 1896.

« Mon cher Monsieur Aron,

« Toujours confidentiellement, car il s'agit d'une chose si considérable qu'elle nécessite la réflexion et l'étude les plus longues et les plus calmes. Voilà deux mois que je veux vous la soumettre; j'avais saisi avec empressement l'occasion d'aller seul à Montrouge aujourd'hui, me disant que j'aurais le temps de jeter sur le papier, dans l'après-midi, mes détails — d'ailleurs clairs; — je ne l'ai pas pu, et c'est pour cela que je vous ai demandé à 6 heures l'autorisation de rentrer chez moi.

« Je vous assure que vous ferez mieux de n'en pas parler autour de vous tout d'abord; je suis certain qu'il s'agit pour vous de la renommée, de l'honneur et de l'argent, mais il faut méditer et

Lettre de Louis Ménard à Joseph Aron.

« Paris, 8 juillet 1896

« Monsieur,

« Voici la note exacte, détaillée, confidentielle que vous me demandez pour votre ami.

« Possédant une petite fortune terrienne qui me permettait de vivre à la Virgile, je me proposais, sitôt mon baccalauréat passé, d'acclimater enfin Shakespeare sur notre scène.

« J'allais, à cet effet, vivre en Angleterre et en Écosse; là, mes premières maquettes étaient mot à mot, même l'expression anglaise n'ayant pas d'équivalent français, je la mettais entre parenthèses : d'où ma littéralité ultérieure. Après m'être ainsi inoculé le texte, je dus l'oublier, pour pouvoir *musiquer* librement en poésie *absolument française et personnelle.*

---

1. Voir volume IV, *Correspondance Mons,* entre les mains de Me Collin. — Page 7, *Remarques.* — Page 8, lettre du 5 février 1896. — Pages 9 à 32, *Mémoire de François Mons du 30 janvier 1896 à M. le Président et à MM. les Membres de la Commission de la Société des Auteurs et Compositeurs dramatiques.* — Voir particulièrement, dans ce Mémoire, les deux paragraphes de la page 18 au sujet d'un *Roi Lear.* — Volume V, page 1, lettres de François Mons des 17 février et mars 1896.

2. Volume V, *Correspondance Mons,* entre les mains de Me Collin, lettres des 31 mars, 14 avril, 26 avril, 12 mai 1896, pages 1 à 14.

3. L'original de la lettre de M. Ménard du 8 juillet 1896 est entre les mains de Me Collin, avoué.

examiner la chose autrement qu'une publication pressée, qu'un pamphlet d'actualité. Vous ne devez recevoir, là-dessus, de conseils que de vous-même et de votre haute intelligence (car depuis deux ou trois mois je la vois bien plus grande que je ne l'avais jugée autrefois, votre intelligence).

« Hier, vous me disiez que vous ne compreniez pas que je ne me sois pas installé, n'importe comment. Ce n'est pas possible quand tout manque pour commencer. Je ne suis pas assez bête pour vous dire de vous mettre à ma place : mais depuis le premier clou jusqu'à la marmite et le plat à cassoulet, il faut tout acheter. Même pauvrement, en gens très sages, il faut un peu tout. Il a fallu 2.000 francs à M. Martin, pour son petit logis; je ne vous les demande pas, en faisant une comparaison qui n'existe point... Vous m'en avez donné cinq fois plus depuis l'Amérique terminée; car, en parlant de l'Amérique, nous serions autrement haut!... Mais je vous en demande 750 au lieu de 250 que vous aviez promis au marchand de meubles. C'est 500 francs de plus. Avec cela, en deux jours, nous serions enfin chez nous, avant les Pâques. J'ai une femme sage et sans goût de dépenses, qui, alors, travaillera un peu... Quant à être ingrat, je voudrais l'être qu'il me paraît que d'aucun côté je ne pourrais — même l'essayer.

« Cela dit, je passe au sujet principal de cette lettre ; il va vous stupéfier, vous suffoquer peut-être, mais le temps ne presse pas au point de dire oui ou non à la minute.

« Je ne suis pas l'auteur du *Roi Lear*, et vous n'en serez pas trop surpris, j'en suis sûr. Mais n'ayez aucune indignation, vous n'avez aucun reproche à me faire : j'en suis pour 30 °/₀, et il m'était permis de m'en dire l'auteur, de même qu'il m'était, par conséquent, permis de vous vendre mes droits là-dessus, comme je l'ai fait. Or, le tiers d'un *Roi Lear* n'est pas en disproportion avec notre acte d'achat et de vente signifié à M. Pellerin. J'ai ce tiers-là (plus exactement ces 30 °/₀) pour le présenter aux directeurs et pour y améliorer les vers, « ce « dont l'auteur me déclare entièrement capable ».

« L'auteur se nomme Ménard. Voici son histoire, écoutez-la bien :

« Dans le *Misanthrope*, Molière se défend personnellement d'avoir publié un violent pamphlet contre Louis XIV :

« Il court de par le monde un *livre abominable*
« Et de qui la lecture est seule condamnable;
« Qui mérite... la dernière rigueur,
« Et de qui... l'on m'accuse d'être l'auteur. »

« (Ces deux derniers vers m'échappent, comme texte.)

« En 1863, je lus à Philarète Chasles diverses ébauches et, devant sa nièce Mme Schwartz et sa fille, il me dit que je serais le plus grand poète du siècle (*sic*).

« En 1875, j'avais fortement ébauché les principales pièces, même terminé *Hamlet*, tel que vous l'avez vu dans l'imprimé de 1886.

« Coquelin l'ayant lu, en fut ravi et le remit de lui-même à M. Perrin, administrateur de la Comédie-Française qui le confia à Mounet-Sully pour l'étudier.

« En 1876, une bonne fortune littéraire fit que ma vie se bifurqua. Des paysans me trouvèrent deux manuscrits en vélin et le livre d'heures de la femme de Louis XIV. Je les étudiai et, en 1877, Didot me publia une notice : *Bossuet inconnu*, avec six photogravures en fac similé, autographes de Bossuet, etc.

« C'étaient, en effet, deux spécimens du *Cours royal*, à peu près inédit, fait au Louvre par les précepteurs des Dauphins, depuis la Renaissance jusqu'à la Révolution, enfoui jusque-là dans les énormes collections de l'État.

« Après le succès *unanime* de cette découverte, l'envie me fit des ennemis : je n'étais ni de l'Université, ni du journalisme, ni d'une coterie quelconque : je vivais dans mes terres; mes trouvailles dérangeaient les vanités, les routines, etc.

« Pourtant, M. Bardoux, ministre de l'Instruction publique, m'offrit de m'acheter mes deux manuscrits ; j'en refusai 20.000 francs, d'où ressentiment du monde officiel, etc...; tout de même, dédicace agréée par Jules Grévy, président de la République, souscription du ministère à mes volumes pour 300 exemplaires (le premier seul fut payé !).

« En 1883, la « Revue de l'Enseignement supérieur » me demanda un spécimen de la trilogie du *Cours royal* sous Louis XIV, comprenant trois volumes inédits :

« 1° *Louis XIV jusqu'à l'âge de sept ans ;*

« 2° *Le livre de lecture de son fils sur l'art de gouverner ;*

« 3° *Les Essais de Saint-Simon sur l'éducation de son petit-fils en 1709.*

« Par traité, ladite Revue me donna 2.000 francs pour simple communication du tiers environ d'un seul volume.

« En 1883, je publiai : *Le Livre abominable* (deux volumes). Monval, archiviste de la Comédie-Française, m'accusa de faire du Molière, demanda mon expulsion des Bibliothèques; je le fis condamner, et mon éditeur répondit publiquement de

« Tous les savants, tous les critiques ont pâli sur ces quatre vers pendant deux cents ans. Quel était ce livre abominable dont avait voulu parler Molière?... Nul ne le savait.

« Il y a dix ans, Ménard publia le *Livre abominable*, chez Didot. Il l'avait retrouvé! Où? C'est son secret. Il y eut bataille, critiques. L'Académie, la Comédie-Française, la revue le *Moliériste*, Edmond About, donnèrent dans la mêlée. Le *Moliériste*, accusant Ménard d'avoir fait le livre lui-même, fut condamné. Mais soudain, tout s'apaisa; Didot prétendit avoir tout vendu et ne voulut plus faire une autre édition. Les Jésuites avaient tout acheté et fait disparaître. On n'en parla plus.

« Là-dessus, comme contre-coup, Ménard, propriétaire et vigneron en Touraine, fut ruiné, exproprié, vendu; il devint très pauvre.

« Cependant, il présenta un *Hamlet* au Français, recommandé par Gaston Boissier. Beaucoup d'éloges, mais on reprit simplement l'*Hamlet* de Dumas père, et Mounet-Sully en changea le dénouement en y mettant celui de Ménard.

« Ménard fit un procès aux Français; mais, très mal entamé par lui, il dure encore. — Tout cela est trop long à écrire.

« Ménard a rêvé de faire en français tout Shakespeare : Shakespeare vrai, avec sa pensée, avec ses mots. Il a déjà *Othello, Hamlet, Roméo*, le *Roi Lear*. Sur ma demande, il va faire *Measure for measure*, et il termine en ce moment *Peines d'amour perdues*, dont il est fort enchanté. Une comédie de Shakespeare est, en effet, d'un placement plus facile que ses tragédies. On n'en a jamais joué, tandis que ses drames, beaucoup d'auteurs les ont faits et les font encore...

« D'après vous, il fait le Shakespeare vrai; d'après moi, il y a à retoucher ses vers. Et cela, croyez que je le peux faire.

« Ménard prétend qu'en trois ans, il aura fait la traduction de toute cette grande œuvre mondiale.

« En voyant votre enthousiasme pour le grand Will, et la passion qu'en a Ménard, je devais penser à vous.

« Votre tâche laborieuse (politique et morale) me semble achevée, inutile et sans écho. Le mot d'ordre est donné, il me semble que vous jetez vainement vos efforts et votre argent; même travaillant avec zèle (je crois que vous le reconnaissez), je ne gagne pas l'argent que vous me donnez.

« Mais quel horizon, quel honneur, à produire le vrai Shakespeare, avec de magnifiques préfaces de vous, aux hautes envolées!... Et l'espoir de le faire jouer, peu à peu, tout entier! Quelle riposte l'authenticité de mon manuscrit; mais cela m'enleva la Comédie-Française. M. Claretie, ayant succédé à feu M. Perrin, fit jouer, contre toute justice, l'*Hamlet* de M. Paul Meurice.

« En 1886, j'avais commencé un procès, quand ma mère mourut subitement : je dus le laisser là pour aller recueillir mon héritage. Mes ennemis en profitèrent pour me battre sur ce terrain-là, car, par une liquidation *notariale*, encore pendante partiellement, je fus complètement dépouillé de mon patrimoine.

« Je revins à Paris en 1889, avec ma femme et mes deux fils (dix et douze ans). Le jour, je dus travailler pour eux; la nuit, fut pour mon Shakespeare.

« En 1894, je vendis loyalement mon *Cours royal* (le ministre m'en a octroyé la concession), espérant pouvoir, grâce à ces 50.000 francs, me consacrer désormais tout entier à mon Shakespeare, mais, par suite d'intrigues de famille, on me demanda injustement la résiliation du traité, affaire pendante.

« Malgré tout, j'avais fait: 1° Le second *Hamlet*; 2° *Othello*; 3° *Macbeth*; 4° *Roméo et Juliette*; 5° *Le Roi Lear*; 6° *Capubeline*; 7° *Comme il vous plaira*; 8° *Peines d'amour perdues*.

« M. Mézières, de l'Académie française, le critique shakespearien le plus autorisé, fit en vain tout son possible pour me rapatrier chez son collègue M. Claretie.

« En août 1895, je fis la connaissance de François Mons, et, le 1er février 1896, je fis avec lui un premier traité pour le *Roi Lear*, afin qu'il me le fît passer à la Comédie et, pour ce service, il me demanda et je lui donnai un tiers, mais me réservai toute signature : il n'y a pas mis un mot.

« Un mois après, il me dit que vous étiez enthousiaste de mon *Roi Lear*, que vous vouliez l'imprimer, mais qu'il s'y opposait, l'imprimé enlevant tous droits de scène en Amérique; que vous étiez disposé à m'assurer, par une petite subvention mensuelle, la faculté de travailler exclusivement à mon Shakespeare; qu'ayant une imprimerie où vous dépensiez 60.000 francs par an pour votre satisfaction personnelle et par pur dilettantisme, vous seriez enchanté de faire paraître le *Cours royal*, intéressant forcément toutes les têtes couronnées, parce que ce Mécénat splendide ferait pleuvoir sur vous toutes les décorations; bref, il m'invita à dîner, non loin des Bouffes du Nord, et me fit signer un nouveau traité, en me priant de le reporter à la même date (1er février) que le premier. Je lui cédai un tiers pour *tout Shakespeare* fait ou à faire, et 10 % sur les bénéfices aux ennemis, quelle réplique à ceux qui gardent exprès le silence sur vous?

« Je n'aurais à vous proposer que cela, que ce serait déjà quelque chose. Mais il y a plus, il y a mieux dans l'œuvre de Ménard. C'est ici que je crains de ne pas me faire comprendre, du moins en un jour, en une heure; c'est ici qu'il y a gloire, honneurs de toute sorte, argent, pour vous. C'est la revanche de toutes les amertumes et injustices passées. — Ma lettre, m'avez-vous dit, il y a huit jours, vous a fait sourire et ne vous a pas fâché. — Ne vous fâchez pas en effet, mais ne souriez plus.

« Aux mêmes sources secrètes où Ménard a puisé le *Livre abominable*, il a trouvé la merveille des merveilles : le *Cours royal*. C'est la suite de tous les enseignements (manuscrits) pour l'éducation des princes; il y a là, depuis Sully jusqu'aux Jésuites qui ont élevé Louis XIV, en passant par Bossuet, Fénelon, le cardinal Fleury, les généraux et maréchaux qui ont été précepteurs des dauphins : toilette, repas, études, tout y est. C'est un livre qui aura, dans son genre, autant de retentissement que Machiavel. Le voyez-vous, présenté, édité, préfacé par vous, avec l' « édition des souverains », apportée, offerte par vous-même aux rois, aux empereurs, aux présidents?

« Ménard avait vendu le *Cours royal* à un M. Belin, fils d'un conseiller à la Cour de Dijon, pour 200.000 francs. Le Conseiller a fait donner un conseil judiciaire à son fils — pas pour cela. — La vente est donc nulle et caduque. Ménard est emballé sur ses conditions, mais je l'ai bien refroidi. Il faut travailler et attendre les gains. L' « édition des souverains », avant l'édition ordinaire, ferait les frais d'abord.

« Pourquoi, depuis deux mois que j'ai traité avec Ménard, ne vous en ai-je pas parlé? — C'est de crainte que vous en parliez à Kahn, par exemple... je sais bien que le *Cours royal* et le *Livre abominable* seraient pour lui ce qu'est pour moi le problème de la Tour Eiffel. — Mais vous, qui sentez Shakespeare, vous sentirez que l'on peut du moins — causer de tout cela — à loisir.

« Relisez-moi en voiture...

« Je crois que Joseph Aron produisant le *Cours royal* et tout le Shakespeare consolerait et vengerait le Joseph Aron de la *F. A. A. P. D. L.* (*L.*), etc. (de la *Franco American Agency for dramatic literature* (*Limited*).

François MONS. »

que pourrait produire la publication du *Cours royal*, une fois accepté, par moi, la résiliation que mon acquéreur de 1894 me demandait; mais il se refusa, alors et toujours, à me donner votre adresse.

« La reprise d'*Hamlet* se fit : je lui montrai l'ébauche d'une brochure qu'il m'avait promis de faire imprimer par vous; il me traîna encore en longueur à ce sujet. Enfin, je cherchais un éditeur et trouvai Savine, qui me dit vous connaître à cause de l'envoi de vos brochures, imprimées par M. Schmidt, de Montrouge; un commis livreur de celui-ci me dit, rue du Dragon, que vous aviez une boutique de papeterie (*sic*) dans les parages de la rue Lafayette. Je ne tardai pas à découvrir votre devanture.

« Vos révélations, Monsieur, m'ont ouvert les yeux à tous égards : mais je veux, suivant votre conseil, ne pas dire à Mons que je vous connais, et je vais tâcher de ravoir mon traité et une lettre de M. Edouard Cadol, où il lui dit que, pour déblayer son *Roi Lear*, il va écarter mes pièces littérales excellentes, etc.

« Les vraies coulisses, *le vrai Hamlet* (« Revue blanche», 1er juin); cela m'a amené la précieuse recrue dont je vous ai touché un mot, le tragédien le plus en vue en ce moment pour les connaisseurs (1), 30 ans. L'an dernier, trois grands journaux ont exalté ses créations (je pourrai vous les faire lire); il est fou de mon Shakespeare; il veut jouer : 1° *Roméo*; 2° *Hamlet*; 3° *Peines d'amour perdues*; la saison prochaine, et, pour avoir toute latitude, songe à se faire directeur, à emprunter, donnant, entre autres garanties, les 2.500 francs qu'il gagne par mois comme acteur. Et voilà, Monsieur, la note telle, je crois, que vous me l'avez demandée, et croyez-moi très sympathiquement à vous.

« *Signé* : Louis MÉNARD (2).

« 71, rue de Rivoli. »

1. Le tragédien dont il est question dans cette lettre est un nommé Krauss « de cent coudées au-dessus de Mounet-Sully », me disait Louis Ménard.

2. Beaucoup de personnes confondent ce Louis Ménard, inventeur de supercheries littéraires, donnant son adresse, 71, rue de Rivoli et habitant réellement, 6, place de l'École, avec Louis Maynard, l'illustre poète et le savant historien. Je suis heureux de signaler cette confusion de nom.

J. A.

Après avoir subi l'injure, pour la première fois de ma vie, à la suite du jugement par défaut obtenu par Ménard et rendu exécutoire, grâce au concours que lui assurait l'assistance judiciaire, de voir ma signature déshonorée et tout mon avoir mis sous séquestre, par la complicité de mes banquiers américains, MM. Morgan, Harjes et C°, (auxquels j'avais cependant tout expliqué, et qui, pour une opposition de 10.000 francs, faite en vertu de votre jugement par défaut, jugement que ces messieurs savaient ne pas m'avoir été signifié, ont immobilisé pendant plus de trois semaines 150.000 francs qu'ils avaient entre les mains, ici et à New-York) (1); après un jugement prononcé par vous, jugement qui flétrit, en le déclarant le complice d'un misérable escroc, d'un infâme faiseur, tel que l'est M. François Mons, un honnête homme, fort d'un passé commercial de plus de trente-cinq ans, laborieux et sans tache, j'espère que vous m'excuserez, Messieurs, si, pour ma justification, j'entre dans les longs détails qui vont suivre. Je suis arrivé, d'ailleurs, à un âge où un travail de ce genre peut être considéré comme un testament, et ce Mémoire, que j'estime devoir à mes enfants, je le donne comme tel.

Qu'il me soit donc permis, Messieurs, avant d'aller plus loin, et remontant dans le passé, de vous expliquer comment, négociant pendant trente-cinq ans, fondé de pouvoirs durant plusieurs années de l'importante maison de banque Lazard frères, ne m'étant jamais occupé d'affaires littéraires, et n'ayant jamais rien publié avant 1885 (2), je me suis trouvé mêlé avec l'Agence Franco-Américaine, fondée par MM. Mons et Nathal pour la protection des auteurs français aux États-Unis.

En 1885, à la veille de quitter les affaires, et au lendemain des discussions de la Salle d'Asile (3) dont j'étais le président, discussions sur lesquelles il serait oiseux de s'étendre ici, M. François Mons me fut présenté d'abord par M. le consul de France de New-York et par son chancelier, puis par M. Peyrieux, représentant alors de l'importante maison de colle forte Coignet et Cie. Ce courtier en colle est le même que j'ai commandité plus tard, 30 rue Bergère, et qui, à la suite d'un riche mariage, est devenu directeur du théâtre des Folies-Dramatiques, puis directeur d'un théâtre de Lyon.

En même temps que M. Mons, M. Peyrieux me présenta l'ami et l'associé de ce dernier, Louis Nathal. J'ai appris depuis que le véritable nom de Louis Nathal était Frasse, ancien tambour-major de l'armée française, puis déserteur, et réfugié au Canada où il prit le nom de Louis de Plainval. Sous ce nom aristocratique, il fit partie de la police à cheval du Manitoba et reçut alors les confidences de Riel, le métis français, qui, après sa fameuse rébellion, martyr de sa cause, fut impitoyablement pendu par les Anglais (4).

Éloigné du Canada, Frasse, fixé à New-York, fut pendant quelque temps, sous ce même nom de Louis de Plainval, au « service secret » de la police de sûreté de New-York. Le *Gaulois* de Paris publia à l'époque plusieurs correspondances de New-York, élaborées à l'aide des rapports de Louis de Plainval au chef de la police de New-York et plus particulièrement sur les frères Élie et Gustave May. C'est alors qu'associé à Mons, il prit ce nom de Louis Nathal, sous lequel, pour la punition de mes générosités, sans doute, je devais le connaître en même temps que son digne et non moins honorable ami François Mons.

Mieux, du reste, que tout ce que je pourrais relater ici, le Mémoire présenté par mes soins, dès 1888, à M. le président et à MM. les membres du comité de la Société des Auteurs et Compositeurs français (Mémoire imprimé à cent cinq exemplaires seulement par Jules Weill, 25, rue Bergère), vous donnera l'historique fidèle, appuyé sur des documents authentiques, de mes premières relations avec M. François Mons.

Je vous envoie, Monsieur le Président, le dernier exemplaire de ce Mémoire, dont cent ont été remis à la Société des Auteurs dramatiques. Un des rares exemplaires avait été confié à M. de Kératry (voir sa lettre du 7 janvier 1891), mais il a oublié de me le rendre. Il eût été moins oublieux s'il se fût agi de toucher les dommages-intérêts, auxquels il espérait me faire condamner.

1. Voyez pages 20 et suivantes du présent Mémoire.
2. Date de la publication des *Deux Républiques Sœurs — Grant — Bancroft et Bismark.* (Voir à ce sujet le *Figaro* du 24 janvier 1891 : *Un ennemi de la France,* par M. le comte Émile Kératry.)
3. Le *Soleil* publia, en 1885, plusieurs correspondances de New-York expliquant cette affaire de la Salle d'Asile à laquelle le Conseil municipal de Paris envoyait tous les ans 1.000 francs.
4. Voir, sur ce sujet, ma brochure *Canada-Transvaal,* Paris, 1896.

Voir aussi les articles du FIGARO et de l'INTRANSIGEANT de 1885 reproduits par l'OR et l'ARGENT.

Au reçu du Mémoire dont il s'agit, je fus convoqué rue Hippolyte-Lebas, 8, à la réunion de la Commission par une lettre officielle de l'agent général en exercice, M. Gustave Roger. Je l'avais demandé en vain depuis dix-huit mois. MM. Sardou, Ludovic Halévy, Victorien Joncières, Georges Ohnet, et M. Gustave Roger, agent général, se rappelleront le débat orageux qui ne prit fin qu'au bout de deux heures et demie.

Je raconterai un jour ce débat, ridicule en somme et indigne de tous ces Messieurs, les uns, membres de l'Académie française, commandeurs de la Légion d'honneur, les autres, auteurs distingués comme Ohnet ou musiciens distingués comme Joncières. Ces messieurs, j'en ai aujourd'hui la preuve officielle, avaient déjà entendu M. François Mons en juillet 1888, c'est-à-dire cinq mois avant moi. Voici, Messieurs, le compte rendu officiel de la séance du 6 juillet 1888.

Extrait du procès-verbal de la séance de la Commission de la Société des Auteurs et Compositeurs, 8, rue Hyppolyte-Lebas, du vendredi 6 juillet 1888.

M. François Mons est reçu par la Commission (Présidence de Victorien Sardou). Il vient répondre à la convocation qui lui a été adressée.

M. le Président adresse à M. Mons la question suivante : Vous avez reçu à New-York trois lettres vous invitant à vous présenter devant la Commission ; pourquoi n'avez-vous pas répondu à ces convocations?

M. Mons. — J'avais un procès engagé avec l'*Agence Franco-Américaine* et je ne pouvais quitter New-York à ce moment-là.

M. le Président. — Mais, depuis, vous êtes venu à Paris, pourquoi ne vous êtes-vous pas présenté sitôt votre arrivée?

M. Mons. — Je pensais que la Commission était en vacances.

M. le Président. — Quoique vous sachiez pourquoi vous êtes ici, je vais vous le rappeler :

Vous êtes venu, en 1885, solliciter le patronage de la Commission en faveur d'une Agence américaine que vous représentiez et qui devait protéger, dans les États-Unis d'Amérique, les droits des auteurs français et défendre leurs intérêts.

Vous avez offert de déposer, au nom de cette Agence, un cautionnement de 50.000 francs. La Commission, dont j'avais à cette époque l'honneur d'être le Président, vous a répondu qu'aux termes mêmes des statuts de la Société, elle ne pouvait accepter un nantissement quelconque.

A la suite de difficultés survenues entre vous et M. Aron, président de l'Agence que vous représentiez, M. Aron a envoyé à la Commission une lettre que voici ; vous reconnaissez que cette lettre est bien écrite par vous?

M. Mons. — Oui, Monsieur le Président.

M. le Président. — Cette lettre contient les passages suivants :

« Le résultat est très beau. — J'avais posé la question ainsi : 50.000 francs de cautionnement pour le titre d'*Agence de la Société ;* 25.000 francs pour un vote favorable conçu dans le sens que nous avions convenu avec le *Board.* C'était ce qui était entendu et accepté la veille du vote, à Paris. — Dans la dernière journée, j'ai pu, moyennant 3.500 francs bien placés, « et dont je ne pourrai jamais donner les « détails que de vive voix et sans contrôle possible », obtenir le refus de cautionnement, par la majorité de la Commission. »

Et plus loin :

« J'espère que le *Board* ne voudra pas laisser à mon compte les 3.500 francs dépensés pour lui économiser le dépôt d'un cautionnement. D'autant plus que ce « sans cautionnement » est extrêmement flatteur. En tous cas, j'ai fait au mieux, ou, du moins, j'ai cru bien faire. — C'est sur mon argent personnel que j'ai été prendre cette somme chez MM. Lazard frères.

« Après la Commission, j'ai donné à divers un dîner au Café Anglais, qui m'a coûté 630 francs, mais je le garde à mon compte. »

Une seule interprétation de ces passages est possible ; votre lettre signifie : J'ai distribué 3.500 francs à un, deux ou plusieurs membres de la Commission, et c'est à ce prix, moyennant ces 3.500 francs bien placés, que j'ai pu obtenir le refus du cautionnement.

Quels sont les membres de la Commission auxquels vous avez distribué cet argent?

M. Mons. — Il n'y en a aucun.

(1) On peut voir page 59 une dépêche de l'illustre Président datée Marly-le-Roy le 3 Juin 1888, à F.Mons.

M. LE PRÉSIDENT. — Vous reconnaissez donc devant toute la Commission que cette allégation est fausse ?

M. MONS. — Absolument fausse.

M. LE PRÉSIDENT, après avoir fait observer à M. Mons combien sa situation est grave, puisqu'il a diffamé la Commission tout entière, lui demande s'il a quelque chose à dire pour se justifier.

M. MONS. — Rien, j'ai cru, en écrivant cette lettre à M. Aron, que cela passerait; je ne pensais pas qu'elle serait rendue publique.

M. LE PRÉSIDENT demande à MM. les membres de la Commission si l'un d'eux veut adresser une question à M. Mons. Il demande ensuite à M. Mons s'il a quelque chose à ajouter.

M. MONS. — Je m'en remets à l'indulgence de la Commission.

M. LE PRÉSIDENT informe M. Mons qu'il peut se retirer.

Et ce n'est pas tout, Monsieur le Président, Victorien Sardou, le juge devant qui devait paraître Mons, correspondait avec lui et par lettres et par télégrammes.

Ses lettres, il a eu la prudence de les acheter à Mons; vous le verrez dans la correspondance de ce dernier.

Je suis, heureusement, en possession de la correspondance télégraphique que vous trouverez à l'Appendice V de ce Mémoire.

Monsieur le Président, vous avez mon Mémoire de 1888 devant vous. Vous y lirez que, le 27 avril 1887, je me suis plaint la première fois à la suite des deux articles indignes publiés par le *Figaro* et le *Gil Blas* à l'instigation de François Mons et peut-être de Sardou (voir page 1 du Mémoire).

M. Ludovic Halévy, vice-président de la Société des Auteurs dramatiques, vint deux fois chez moi, 30, rue Bergère. Ce grand auteur daigna attendre dans l'antichambre de M. Élie Weill, exportateur, près d'une demi-heure mon arrivée. Il me promit que pleine justice me serait rendue après que je lui eus confié les documents Mons. Consultez, Monsieur le Président, à l'Appendice, les dépêches que Victorien Sardou avait envoyées avant cette époque à François Mons.

Vous verrez par mon Mémoire de 1888 (page 12) que, le 27 janvier 1887, j'eus une longue entrevue, rue du Général-Foy, avec Victorien Sardou au sujet des agents généraux et surtout au sujet des 3.500 francs que Mons prétendait avoir versés à plusieurs membres de la Commission au sujet du cautionnement. Oui, Monsieur le Président, lisez à l'Appendice les télégrammes de Sardou. Il avait, certes, le droit légal de les envoyer puisque ce n'est que le 27 avril 1887 que je me suis adressé officiellement à la Commission dont il était alors le vice-président. Je dis qu'il avait le droit légal, mais j'affirme qu'il n'avait pas le droit moral de le faire.

Cette affirmation ressort, Messieurs, des télégrammes que Sardou envoya à l'hôtel de Bade, pendant que Mons était à Paris, avant et après sa comparution, devant la Commission le 6 juillet 1888.

Après le 6 juillet 1888, Mons est flétri par ses propres déclarations. Il n'en reste pas moins l'agent confidentiel de Sardou. Voyez, Messieurs, les dépêches de Sardou, jusqu'en décembre 1888 (1), époque où j'eus l'honneur d'être reçu par ces Messieurs de la Commission. Lisez les dépêches après décembre 1888.

La comédie jouée devant moi par tous ces Messieurs et par les agents généraux au courant de cette fameuse séance du 6 juillet 1888 est indigne d'hommes qui se respectent.

Pour fiche de consolation, la lettre suivante me fut adressée par l'honorable M. Camille Doucet, président de la Commission, après les clowneries dont tous m'avaient donné le ridicule spectacle.

---

1. Je trouve inutile de citer d'autres correspondances de membres du Comité avec Mons. Je veux cependant vous donner copie d'un câble envoyé par Valabrègue, un de la Commission, le 22 décembre 1888, le lendemain même de mon entrevue avec ces Messieurs :

Compagnie française du Télégraphe de Paris à New-York.

(French atlantic Cable Co). — Date, décembre 22, 1888. — To Mons, — « Peux-tu vendre *sécurité* vingt-cinq mille francs comptant pour Amérique, te donne deux jours. VALABRÈGUE.

SOCIÉTÉ
DES
AUTEURS & COMPOSITEURS
DRAMATIQUES
8, Rue Hippolyte-Lebas

COMMISSION

Paris, le 24 Décembre 1888.

Monsieur,

La Commission des Auteurs et Compositeurs dramatiques, après avoir entendu, dans sa Séance du 21 Décembre, vos explications sur la fondation et le fonctionnement de l'Agence Franco-Américaine dont vous avez été le fondateur, ne fait aucune difficulté de reconnaître, conformément à votre désir, qu'en fondant cette Agence vous n'étiez pas guidé par un intérêt mercantile, et que vous vous proposiez un résultat plus élevé et plus honorable. — Organisée dans le but de protéger aux Etats-Unis les oeuvres dramatiques françaises, votre création avait un caractère national et patriotique que l'on ne saurait contester et que la Commission se plait à reconnaître.

Agréez, Monsieur, l'assurance de ma considération très distinguée.

Le Président.

Camille Doucet

Mr Joseph Aron, 30, rue Bergère

Je m'étais promis, malgré une perte de près de 100.000 francs perdus pour avoir cherché à protéger les auteurs français en Amérique, de me contenter de la lettre de M. Camille Doucet. Elle me donnait un semblant de satisfaction et proclamait hautement mon honorabilité. Cette lettre, écrite au nom de la Commission, devait mettre fin à ce débat et j'étais convaincu qu'elle exprimait l'opinion unanime de la Commission.

Je me trompais, par cette raison que j'avais négligé de tabler sur la mauvaise foi de M. Victorien Sardou, rendue évidente par la lecture de ce qui s'est passé quelques semaines après la lettre de M. Camille Doucet du 24 décembre 1888 (1). Et pour en finir une bonne fois, Messieurs, avec l'illustre Président de la Société des Auteurs, je me permets respectueusement de vous référer aux appendices IV, V et VI à la fin de ce Mémoire (2).

Je ne dois pas omettre d'ajouter, comme corollaire à cet ensemble de documents, que, du fait du retrait, injuste et déloyal, selon moi, et selon le trésorier Rosenbaum, de la Tosca à la *Franco-American Agency,* confiée dès lors, pour la vendre, par M. Sardou à François Mons, ainsi que vous le verrez par l'examen de la copie des câbles et télégrammes échangés entre eux, M. Mons gagna au moins, au détriment de la Société dont j'étais le président, plus de 30.000 francs à titre de commission, alors que M. Sardou, lui, n'empochait pas moins d'un demi-million.

La nausée me vient, Messieurs, quand ces souvenirs remontent à ma mémoire, mais il n'importe. Trompé, vilipendé, exploité depuis douze ans, sans trêve ni mesure, par mes adversaires, par mes proches même, à qui le rôle de défendre mon honneur eût peut-être mieux convenu, il est de mon devoir de surmonter mon dégoût et de poursuivre sans faiblesse ni lacune d'aucune sorte.

QU'EST-CE QUE FRANÇOIS MONS?

Quel personnage important est-ce donc, ce *François Mons* qui, en 1885 et 1886, sut occuper l'attention de toute la presse parisienne, du *Figaro,* du *Gaulois,* du *Gil Blas,* etc... titulaire d'une lettre officielle de la Société des Auteurs, signée du nom de M. Abraham Dreyfus, et publiée en février 1886 dans tous les journaux de Paris et de province, qui eut l'honneur enfin, en 1886, de voir assis à sa table, dans un restaurant bien connu de la capitale, Sardou, Adolphe Belot, Halévy, Joncières, Cadol, Delpit, Valabrègue, Vitu, Prevel, Daudet, etc., etc., etc...?

Le Mémoire de 1888, attentivement lu, vous l'a déjà dépeint en partie, au naturel, sans exagération ni atténuation. Mais ici, Messieurs, j'aborde un sujet sur lequel, par un sentiment que vous saurez apprécier, j'en suis sûr, je tiens à glisser. *François Mons m'a fait trop de mal pour que vous attendiez de ma part beaucoup de bienveillance à l'égard de sa personne ou de son talent;* seulement, désireux bien plus de me défendre ou plutôt de me justifier du bien que je lui ai fait, que de me venger du mal dont il a récompensé ma trop complaisante générosité, je prendrai la liberté de ne vous soumettre que ce que je considère indispensable à la revendication de mon honneur, lequel, si, j'étais mort l'an dernier, fût demeuré souillé et flétri par votre jugement.

En réalité, bien qu'il ait écrit deux petites pièces, jouées en 1886 à l'Odéon, et qu'il soit un des membres fondateurs de la Société des Auteurs et Compositeurs dramatiques, Mons est plutôt un agent d'affaires littéraires qu'un homme de lettres. Cette vérité, que n'ignorait pas M. Sardou,

---

1. Voir Appendice III. — Correspondance au sujet de l'entrevue du *New-York Herald* avec M. Sardou, et deux lettres des 4 mai et 20 juin 1889 au Président des Auteurs dramatiques.

2. Voir Appendice IV, page 55, contient la déposition de Victorien Sardou au Consulat général des États-Unis devant la Commission rogatoire au sujet du procès Mons à New-York.

Appendice V, pages 56 et suivantes, contient copie des câbles et télégrammes échangés entre Victorien Sardou et François Mons jusqu'en 1892.

Appendice VI, pages 61 et suivantes, contient le *Mémoire* adressé par François Mons à la *Société des Auteurs et Compositeurs français* le 30 janvier 1896.

317 East 14th Street. | NEW YORK, NOVEMBER, 1885. | Five Cents a Copy. — No. 1.

OUR GALLERY

OF

PORTRAITS.

AN ILLUSTRIOUS FAMILY.

EMILE AUGIER.

PAUL DEROULEDE — EMILE GUIARD.

We feel highly pleased at being able to commence our gallery of French dramatic authors' portraits with an admirable likeness of the illustrious Émile Augier, the glory of the Contemporary Theatre, and one of the most highly honored members of the Académie Française. It was at the Théâtre de l'Odéon, and when yet quite young, that he made his début as a dramatic author. His first piece, "La Ciguë," made an instantaneous success, and the day after the initial performance of that masterpiece saw its young author famous and celebrated all over the European continent.

He has not stopped working since, and his career as a dramatist has been a continuous and untiring advance towards an everlasting celebrity. "L'Aventurière," "La Jeunesse," "Gabrielle," "Diane," "Le Gendre de Monsieur Poirier," have long since immortalized his name. His political plays, "Les Effrontés," "Le Fils de Giboyer," "La Contagion," "Lions et Renards," were acclaimed by all the European critics as so many works stamped with dramatic genius. His last pieces, "Jean de Thommeray," "Madame Caverlet," "Les Fourchambault," are marked with sentiments full of humanity and nobleness, and are the pride of the French stage.

Emile Augier is a great poet and an inimitable prose-writer. The striking characteristic of his plays is his brilliant treatment of all that is honest and loyal, and his style is exceedingly cutting and witty. As a man, he is handsome in appearance and of a good natural disposition. He dislikes any exaggerated and ostentatious publicity. He lives in the midst of his charming and loving family, has but few enemies, if any, and counts his admirers and friends by the thousands.

ÉMILE GUIARD. — PAUL DEROULÈDE.

Extract of a Letter from EMILE AUGIER:

"Croissy (Seine-et-Oise), Aug. 4, 1885.

"I am indeed delighted, my dear Mons, at the good news you are sending me.

"You have my very best wishes, and you know that I will be the first one to rejoice over your success, which I most sincerely hope will meet with all your expectations.

"Go ahead and good luck to you!

"Very cordially yours,

"ÉMILE AUGIER."

Emile Augier is a grand officer of the Legion of Honor, and the Académie Française selected him unanimously to deliver, in the name of that immortal institution, the last eulogy of Victor Hugo under the Arc de Triomphe, which was used on that memorable occasion as an imposing catafalque for he who had been the greatest among the great French poets.

Emile Augier has two nephews, sons of his two sisters, who are rapidly following in dramatic literature and poetry the footsteps of their illustrious uncle.

∴

Paul Deroulède, the elder of the two, is to-day deservingly famous as president and founder of "La Ligue des Patriotes," and, like his uncle, he is a poet and dramatic author. He made his début as such at the age of eighteen, with a piece in verse at the Comédie Française, and only a few years ago he was applauded at the Odéon when that theatre produced his magnificent drama, also in verse, called "L'Hetman.

∴

Emile Guiard, the younger nephew, has also met with great success as a poet and dramatic author; he, too, commenced when quite young, and his début was made with the production of a very nice piece in verse called "Volte Face," given at the Comédie Française. Since then he has had several of his plays produced: "Feu de Paille," at the Odéon, and his masterpiece, "Mon Fils," which met with remarkable success.

Are we not right when we call the three portraits adorning the head page of our first number:

"An Illustrious Family?"

Le dessin du frontispice de notre journal est dû au crayon de M. le lieutenant de vaisseau Gustavo Saleta, officier de la Légion d'honneur, qui nous l'a gracieusement offert.

Les gravures sur bois sont de M. Jules Clément.

∴

En dehors du service de notre journal, que nous faisons à la Société des Auteurs et Compositeurs Dramatiques, aux journaux et aux théâtres de Paris, nous en établissons un dépôt régulier chez Madame A. Leroy, libraire, 28, Boulevard Bonne-Nouvelle, Paris, où l'on pourra se le procurer au même prix qu'en Amérique, c'est-à-dire à 25 centimes le numéro.

∴

On peut s'abonner directement de France au Franco-American Dramatic Bulletin, moyennant *trois francs cinquante centimes par an.*

bien avant l'arrivée de Mons à Paris en 1885, j'ai eu, Dieu merci! assez de temps pour m'en convaincre, sans que l'ombre d'un doute ait pu subsister pour moi sur ce sujet!

Parti de bonne heure pour l'Amérique, Mons se mit à la tête d'une sorte d'agence, de compte à demi, avec Frasse-Plainval-Nathal, lequel traduisait en anglais, avec plus ou moins de tripatouillages dans le exte, des pièces françaises qu'il jouait ou que l'on jouait sur diverses scènes américaines. Ce n'était pas absolument honnête, mais aucune loi n'interdisant ce trafic, les pirates littéraires comme Nathal, l'ex-tambour-major, l'ex-employé du « Secret Service », en vivaient. C'est à cet apprentissage que François Mons (qui voyageait avec l'actrice Rhéa du Vaudeville) emprunta l'idée de former une Société de protection en faveur des écrivains français, en compagnie de Louis Nathal et d'un nommé Faure.

Nombre d'éminents auteurs français, alléchés par les promesses du programme de la Société nouvelle, encouragèrent M. Mons qui, de concert avec l'inévitable Nathal, publia, en novembre 1885, un numéro d'un journal intitulé : *Franco American dramatic bulletin*, dont l'agent de la Compagnie du Canal de Panama, M. Saleta, lieutenant de vaisseau, dessina le frontispice. — Émile Augier envoya son portrait au directeur de la susdite feuille, avec une lettre des plus flatteuses, datée de Croissy (Seine et-Oise) : « Je suis enchanté, mon cher Mons, etc., etc... »

Le fac-similé de la première page de ce journal, avec les portraits envoyés à Mons par Émile Augier, Déroulède et Guiard, se trouve ci-contre.

La dernière copie imprimée de mon Mémoire à la Société des Auteurs de 1888 vous donnera, Monsieur le Président, tous les détails nécessaires sur le fiasco pitoyable de Mons, Nathal et Faure, et mon intervention opportune.

La *Franco American dramatic bulletin* éditée par Mons et Nathal devint alors la *Dramatic review* sous la direction de MM. Rice et Bijur, avocats éminents de New-York, pour la partie anglaise et de MM. Mons et Nathal pour la partie française.

Vous verrez, Messieurs, à la fin du Mémoire, le fac-similé de quelques numéros de la *Dramatic review*, imprimés de mes propres deniers, que je me permets de vous envoyer, Monsieur le Président. MM. Sardou, Zola, Doucet, Rochefort, Claretie, d'Ennery, Cadol, Ludovic Halévy, etc., etc..., adressèrent leurs portraits pour être reproduits dans la *Dramatic review*. Quelques-uns de ces messieurs joignirent même à cet envoi leur biographie, cuisinée par l'auteur dramatique Jules de Marthold, par Kéroul, par Oswald, du *Matin*, etc., etc... Nul doute que, si François Mons fut resté quelque temps encore directeur littéraire de la Revue, tous les grands hommes de la Société des Auteurs, à tour de rôle, n'y eussent passé, ainsi que Sarah Bernhardt dont M. de Marthold avait déjà acheté le cliché.

Aussi longtemps, Messieurs, que François Mons vécut du produit des pièces, si déloyalement soustraites à la *Franco American agency* par Sardou, il me laissa tranquille. Mais en 1890, M. Sardou ne jugea plus utile, pour des motifs que je n'ai pas à connaître, mais qu'il n'est pas difficile de deviner, d'utiliser les services de Mons. Ce dernier, alors, mis à pied, se retourna vers moi pour m'exploiter de nouveau. Ce fait résulte surabondamment de la correspondance de Mons de 1890 à 1896, correspondance entre les mains de Me Collin, avoué (1), et dont *vous trouverez* un échantillon à l'Appendice n° VII, pages 69 et suivantes (lettres de François Mons des 22 avril 1893, 1er mai 1893, 13 juillet 1893 et 26 juillet 1893).

---

1. Lire particulièrement dans le volume I, *Correspondance Mons*, les lettres des 28 avril 1892, page 25; 8 mai 1892, page 34; 13 juin 1892, page 38; 20 octobre 1892, page 41. — Volume II, *Correspondance Mons*, 15 janvier 1893, page 1; 22 avril 1893, page 11; 1er mai 1893, page 14; 3 mai 1893, page 25; 3 juin 1893, page 27; 13 juillet 1893, page 28; 26 juillet 1893, page 30; 9 octobre 1893, page 33; 27 décembre 1893, page 36. — Volume III, *Correspondance Mons*, 27 mars 1894, page 4; 24 avril 1894, page 10; 26 avril 1894, page 14; 12 juin 1894, page 22; 5 août 1894, page 24; 29 août 1894, page 30; 21 octobre 1894, page 34; 28 janvier 1895, page 36; 1er avril 1895, page 47. — Volume IV, *Correspondance Mons*, lettre du 28 septembre 1895 à G. de France, page 2. — Rapport de Mons à la *Société des Auteurs*, page 9. — Volume VI, lettre du 11 juin 1896, pages 1 et 2; télégramme du 16 juillet, pages 29 à 31.

Vous verrez, Messieurs, que, longtemps avant le Mémoire Mons de 1896, j'avais des documents dont j'aurais pu me servir devant la 9e Chambre, si j'étais amateur de scandales, pour répondre à Me Decori qui a si bien pris la défense de l'illustre commandeur de la Légion d'honneur Sardou, qui m'a si déloyalement insulté.

Vous verrez, Messieurs, par cette correspondance de Mons, que l'on pourrait nommer la science honteuse et habile de la mendicité littéraire, indiquant un tel manque de sens moral, qu'il est impossible de trouver réunis autant de mensonges et d'indignes exigences. Au reste, je laisse le personnage se dénoncer et se juger lui-même par ses lettres.

Vous y verrez, Messieurs, ce pseudo-vaudevilliste, littérateur d'occasion, successivement membre fondateur de la Société des Auteurs et Compositeurs dramatiques, fondateur de la *Franco American agency*, directeur littéraire de cette même Société, démarqueur-agioteur des pièces de ses confrères et surtout courtier littéraire, des plus dégagés de scrupules, et touchant de toutes mains des commissions, vous le verrez, dis-je, après avoir fait perdre des sommes considérables à moi-même et à la Société *Franco American*, s'ingénier à exploiter par les moyens les plus vils ma générosité et ma commisération, puis, ne pas craindre de reconnaître plus tard ma bienveillance en s'entendant avec Ménard pour me céder le *Roi Lear*, dont je n'ai pas voulu, et, pour comble d'audace, d'user enfin de procédés qui touchent de si près au chantage qu'on les peut confondre avec lui, en me faisant condamner à 10.000 francs de dommages-intérêts. J'ai donné, sans compter, trop facilement, je le reconnais, en toute occasion, donc, je dois, du fait de ma charité mal placée, être condamné à payer *légalement* une somme que je ne dois pas. Voilà, en un mot, le résumé net et précis de l'étrange ligne de conduite de François Mons, dont le cynisme s'étale impudemment aussi bien dans sa correspondance que dans le Mémoire adressé par lui le 30 janvier 1896 à la Société des Auteurs.

HISTORIQUE DU *ROI LEAR*

J'arrive maintenant, Messieurs, au point qui fait *non le principal intérêt*, à mon sens du moins (je me permets au contraire de le trouver fort secondaire), de l'extraordinaire litige d'aujourd'hui, mais l'objet, en quelque sorte, *juridique du débat*. En vue de l'éclairer, et de le placer sous son vrai jour, j'estime qu'il y a lieu de résumer en partie les documents contenus dans le volume VI, chez Me Collin, avoué, sous le titre de : *Historique du roi Lear*. — Lors de la mort de sa mère, M. François Mons m'avait confié qu'à l'âge de dix-neuf ans il avait traduit une pièce de Shakespeare, *Le roi Lear*, et que, cette traduction, sa sœur en avait retrouvé le manuscrit parmi de vieux papiers de famille qu'elle se proposait de lui envoyer. Il me demanda de lui prêter quelques francs afin de faire recopier ledit manuscrit, qu'il allait présenter à la Comédie-Française, après certaines modifications de forme et de facture : « Je dois apporter ce soir, m'écrivait-il le 1er février 1896, vingt-cinq francs à la copiste du *Roi Lear*, qui est prêt. » Le 17 février 1896 : « Je ne puis pas acheter une dizaine de mes brochures chez mon éditeur en ce moment où, pour le *Roi Lear*, elles me sont indispensables. » — Le 17 février : « J'annulerai la cession que je vous ai faite de la *Belle Grêlée*, voulez-vous faire cela, vous m'obligerez. Je vous céderai en retour une autre pièce future, le *Roi Lear*, comme droits d'auteurs, si c'est jamais joué. » — Puis en mars : « Ces bandits m'ont privé de la part légitime de la *Belle Grêlée*... ils feront refuser mes cinq actes de Shakespeare. »

Dans son Mémoire du 30 janvier 1896, adressé à la Société des Auteurs et Compositeurs dramatiques, Mons ne se montre pas moins explicite :

« Je compris aisément que M. Pellerin ferait entendre aux juges que je ne vis pas de mon métier d'auteur. Cet odieux système serait mal tombé, ce me semble, la semaine même où je recevais de M. Jules Claretie et de M. Monval, au sujet d'un ROI LEAR *que je soumets actuellement à la Comédie-Française*, cinq actes en vers représentant un effort et un labeur dont tout homme a le droit de se vanter. »

Tout à coup, le 31 mars, volte-face complète. « Je ne suis pas, écrit-il, l'auteur du *Roi Lear.* » Et là, dessus, par une coïncidence que je ne me charge pas d'expliquer, éloge pompeux de Louis Ménard, que Mons cherche à faire passer à mes yeux comme un illustre méconnu. Vous remarquerez, Messieurs, que, soit défiance, soit divination, à la date du 14 mai suivant, peu sensible à ces hyperboliques propos, je me bornais à répondre à Mons : « *Je vous prie très sérieusement de me laisser tranquille avec Ménard, Shakespeare et avec le Cassoulet* », — et que, quatre jours plus tard, je renvoyais purement et simplement à mon correspondant le dossier complet de documents communiqués au sujet de Ménard. A quelques jours de là, c'était le 11 juin, alors que Mons purgeait je ne sais quelle condamnation pour un délit de droit commun, M. Ménard vint me faire visite. *C'était la première fois que je le voyais.* Au reste, au sujet de cette entrevue et de celles qui suivirent, je ne saurais mieux faire que de vous référer à ma lettre du 28 octobre 1896 adressée à M. Ménard (1). J'appelle sur cette lettre l'attention toute particulière du Tribunal. Je l'écrivais sous le coup de la stupeur où m'avait jeté la signification, à moi faite par Me Paul Bimont, avoué, au sujet de la demande de Louis Ménard, en 10.000 francs de dommages-intérêts. A l'heure où me parvint ladite signification, voici la conversation qui eut lieu entre François Mons et moi :

MOI. — Que signifie cela, M. Mons? Je vais aller chez Me Collin, mon avoué, pour le prier de répondre de suite.

MONS. — Mais non, n'y allez pas avant la deuxième signification. C'est un acte de chantage de la part de Ménard qui veut obtenir quelques sous de vous. Vous voyez bien qu'aucune Chambre n'est indiquée sur cette signification ; il faut que vous receviez une deuxième signification, alors vous ferez les frais d'avoué. Pour le moment, vous n'avez qu'à en rire.

Ignorant des usages légaux de France, je crus ce misérable qui, dans l'affaire Kératry, m'avait prouvé qu'au palais il était presque considéré comme un confrère; du reste, il obtenait ce que moi je ne pouvais pas. Ainsi il me fournit les moyens de prouver au bâtonnier de l'ordre des avocats que Narcisse Leven avait déclaré à Me Léon que, si l'on ne lui payait pas une somme additionnelle, il défendrait à Me Léon de plaider pour mon domestique, gérant de *l'Or et l'Argent,* oublié par Leven d'une si étrange manière. Heureusement pour moi, j'avais payé Me Leven par chèque à deux reprises différentes, je pus le prouver à Monsieur le bâtonnier qui voulut bien m'entendre et j'appris par Mons que le bâtonnier avait lavé la tête à Me Leven. « Moi, me disait-il, je puis tout savoir, vous rien. »

J'avais vu de si étranges choses dans le procès où j'avais le célèbre Waldeck pour adversaire et Me Milhaud comme avoué, que j'étais prêt à croire à tout.

Lisez, Messieurs, cette lettre de Mons écrite un mois avant l'assignation Ménard :

« Paris, 21 septembre 1896.

« Mon cher Monsieur Aron,

« Je ne sais pas si vous avez connu, là-bas, M. Truy, consul suppléant à New-York, aujourd'hui consul de France en Allemagne. Je viens de le rencontrer dans l'endroit où je suis venu dîner, et cette rencontre m'a rappelé le moment *où j'ai eu l'honneur de vous voir pour la première fois.*

« On peut bien bavarder, n'est-ce pas? quand on ne travaille pas? Je vais donc bavarder.

1. La lettre du 28 octobre 1896 se trouve dans le dossier de Me Collin.

New-York, Hôtel Martin. 5 heures du soir; au café de l'hôtel.

« Joseph ARON. — Dites donc, Monsieur Faure (1), *vous qui êtes avocat*, venez donc nous donner « votre opinion (Salles d'Asile).

« François MONS. — !!!

« G. FAURE. — Voilà, voilà! (regardant François Mons) on m'appelle *avocat*; pourvu que Mons ne rie pas trop. »

« Et Faure, pour éviter le rire de Mons, pria Mons de venir donner son avis.

« Vous ne vous souvenez pas de cela, mon cher Monsieur Aron, mais cela se passa ainsi.

« Je n'étais pas *avocat*, mais c'était mieux que cela.

« Filleul, — et élève du premier avoué de province pendant mes deux premières années de droit, fils et frère d'une mère et d'une sœur qui ont eu cent procès, j'étais assez doué de ce côté pour recevoir de mon examinateur, à mon troisième examen de droit, ce compliment : « Mais vous êtes donc né *sur « un dossier*? »

« Le mot est aujourd'hui classique à la Faculté de Toulouse.

« Il faut vous dire qu'en province, où l'on est très processif, on est bien plus fort qu'à Paris. Certains avoués de province en savent plus que les professeurs de droit.

« *C'est pour cela que quand je donne mon avis*, il est bon. *Quand je doute*, je ne dis rien.

« C'est aussi pour cela que j'ai vu le joint réel contre Kératry. Je me serais fait pendre plutôt que de vous conseiller un désistement.

« Cet amour pur de l'art, *joint* à mon très vif désir de donner une leçon de droit *au Président de la neuvième Chambre*, fait que j'ai agi autant par goût que par dévouement pour vous, *et que vous ne me devez vraiment rien*. Je suis payé par le résultat lui-même.

« En outre, ne pouvant plus me mettre en avant, je suis forcé d'être un employé aussi dévoué que fidèle. On peut compter sur moi, — et je ne demande qu'à vivre, jusqu'à mon dénouement, vulgaire et prochain, dont vous me permettrez, un de ces jours, de vous expliquer les bons côtés — un jour que vous aurez le temps d'écouter ou de lire.

« Je ne sais pas où vous êtes, ce soir, pour vous distraire. *Moi*, je suis tout à mes pensées; elles ne sont pas, d'ailleurs, trop mauvaises en ce moment.

« Seulement, je n'écris que pour vous seul, voulez-vous?

« Hier, un journal disait du grand Coquelin jouant un très petit rôle : « C'est prendre une montagne « pour tuer une puce. La puce a été tuée, mais à quoi bon cet effort colossal pour une puce? »

« On pourrait dire de même pour cette lettre :

« Mon fils, que je n'ai pas vu depuis deux mois, est venu hier et m'a brisé ma « semaine ». — En « outre, ce matin, on m'a pris quelque part mon parapluie; je n'ai pas pu le retrouver. — Or, la saison « est fort dure pour qui n'a pas de *parapluie*. C'est donc pour une simple « semaine » compromise et « pour un parapluie à remplacer que je viens vous assommer d'un tas d'histoires! Vous serez bien bon « si vous voulez bien me pardonner demain matin! »

« Respectueusement et affectueusement dévoué.

« 21 septembre 1896, 1 heure et demie. Fr. MONS. »

Le 28 octobre 1896, au reçu de l'assignation Ménard, j'écrivis, comme je l'ai répété plus haut, à celui-ci une lettre qui se trouve en entier dans le dossier chez Me Collin.

Certes, je savais que Mons m'avait trompé en me disant en 1895 que le *Roi Lear* était de lui. Mais la correspondance échangée entre Mons et moi, en mai 1896 (pages 13 à 18, volume 5, chez Me Collin) prouve que, dès que je sus que Ménard était l'auteur, je forçai Mons à tout reprendre pour le rendre à Ménard. Dans cette même lettre à Ménard du 28 octobre se trouvait incluse la copie de la lettre que Mons m'écrivit au reçu de l'assignation et que voici :

1. Faure, un ancien avocat de Toulouse, associé de M. Nathal.

Copie de la lettre envoyée à M. Ménard le 28 octobre 1896.

« Cher Monsieur Aron,

« Je regrette vivement les ennuis que je vous cause, bien indirectement, certes, et je vous en fais toutes mes excuses. J'ai reçu une assignation de Ménard, pareille à la vôtre. La mienne est grotesque, mais la vôtre est ignoble. Ce monsieur est avide de quelques écus tombés du ciel et il cherche à faire du chantage.

« Vous savez comment s'est passée cette affaire. Vous avez bien voulu m'obliger d'une rétrocession de la *Belle Grêlée*, et je vous ai offert un nouveau gage, pour justifier la signification à l'Agence Pellerin de votre générosité. Je vous ai cédé une adaptation du *Roi Lear*, et j'en avais le droit : celui qui m'avait donné cette adaptation ayant, par traité avec moi, stipulé que « le secret le plus absolu « devait être gardé et le nom de l'auteur, Louis Ménard, prononcé seulement sur la scène à la suite de « la première représentation ». J'en avais en outre le droit, puisque ce traité avec Louis Ménard m'attribuait le tiers des droits d'auteur.

« Deux jours après ma cession à votre ordre, et d'après les instantes prières de M. Ménard de vous parler de lui, je vous dis ce qu'il en était. Dès ce jour-là vous m'offrîtes d'annuler ma cession. Mais je ne fis pas le nécessaire ; rien ne pressait, la pièce était injouable, la valeur marchande de l'œuvre n'existait pas, sa valeur littéraire était négative. Jamais ne devait venir le jour, expressément stipulé dans mon traité avec lui, où son nom serait prononcé « sur la scène » ; car aucune scène, urbaine ou foraine, ne pouvait réellement accepter une telle rapsodie.

« Du reste, dès le mois de mai dernier, sur la lecture d'un projet de brochure inepte contre la Comédie-Française que le Ménard me priait de mettre en français régulier, je lui avais renvoyé son manuscrit du *Roi Lear*, le manuscrit de sa future brochure, et ma résolution de ne plus rien avoir de commun avec lui.

« Il prit cela avec beaucoup de douceur ; il vint même me demander, un matin, « si nous étions brouillés », lui et moi ? Il ne pensait pas alors, on ne lui avait pas encore dit qu'il pourrait essayer de vous faire chanter.

« Qui a donné à ce malheureux cette idée-là ? Croyez bien qu'elle ne vise que moi. Depuis de longues années, l'entresol de la rue Hippolyte-Lebas veut me faire exclure de la Société des Auteurs, mais il s'est heurté à des difficultés. Cette fois, on espère un scandale ; Ménard a promis de le faire.

« L'entresol sait, en outre, que vous m'avez cent fois aidé dans ma détresse ; il sait que, de temps à autre, vous voulez bien me demander un travail. En vous faisant assigner conjointement avec moi, en en vous faisant solidaire de ma cession, on espère vous mettre définitivement contre moi, etc., etc...

« D'où Ménard, en effet, aurait-il eu l'argent nécessaire à ses assignations ? Depuis un an, je ne le connais que cherchant et empruntant des dix sous et des quarante sous, venant partager mes apéritifs, ne dédaignant pas mes modestes repas.

« Mais s'il en est ainsi, j'accepte le scandale projeté et je l'attends. Ce sera la récompense de mes efforts en faveur de Ménard. Vous les connaissez, vous ! Je vous ai assez fatigué en vous le dépeignant comme le savant des savants, digne d'intérêt. Vous avez même failli marcher. Je crois vraiment que vous l'auriez fait sans ses outrages à Alexandre Dumas !

« Vous voudrez bien m'excuser si je ne vous remercie pas davantage, ici, de vos bontés pour moi, après tant d'événements divers qui auraient dû vous irriter. Je dirai cela à l'audience. Ne parlons donc que de Ménard. Voici comment je l'ai connu :

« Au mois de juillet 1895, un de mes anciens camarades de jeunesse, Vermont (1), ancien député de

---

1. Voir, au dossier de Me Collin, deux lettres de Vermont qui était venu me demander 100 francs pour son malheureux ami Mons. Je n'avais pas vu ce dernier depuis fort longtemps et je donnai les 100 francs à M. Vermont, en refusant d'écouter ce qu'il avait à me dire. Quelques mois après, ce fut M. Georges de France qui reçut une lettre de l'éternel solliciteur et qui m'implora au moins l'aumône d'un travail pour Mons. Ce travail fut publié dans *l'Or et l'Argent*, sous le titre : « Un autre commandeur », et m'attira les remarques ironiques de Me Decori.

Pontoise, me dit : « Il faut que je vous montre un *Othello* merveilleux. C'est l'œuvre d'un homme extraor-« dinaire, M. Ménard. »

« D'abord, je refusai de prendre connaissance de l'*Othello* en question. Mais M. Vermont insista, en me disant qu'il était de l'auteur du *Livre abominable* de Molière. Cela ne m'en disait pas plus.

« Malgré moi, M. Ménard me rencontra un jour, me citant comme ses admirateurs M. Léo Claretie, M. Rateau. Je fus forcé de prendre l'*Othello*, que je renvoyai avec éloges sans l'avoir même ouvert.

« Pendant six mois, M. Ménard courut après moi, mais je l'évitais. Enfin, en janvier 1896, il me découvrit et ne me quitta plus qu'après que je lui eus promis de présenter moi-même un *Roi Lear* de lui au Comité du Théâtre-Français. Il était mal avec ce théâtre, disait-il, parce que Mounet-Sully lui avait pris le dénouement d'un *Hamlet* de lui et l'avait donné à Paul Meurice.

« Je souris, mais j'acceptai par curiosité. Ménard ne pourra pas dire que je n'ai pas fait le nécessaire : il ne m'a remis son *Roi Lear* que le 1er février 1896, et je demandais déjà un tour de lecture à M. Claretie, dès le 22 janvier, neuf jours avant même d'avoir vu le dit manuscrit.

« M. Claretie me répondit d'envoyer la pièce à l'examen, mais je n'insistai plus. La raison en est que, huit jours après, j'avais lu les vers de M. Ménard.

« Lui, depuis lors, ne me lâcha pas plus que mon ombre. Je lui fis observer que la versification n'était pas bonne. Il me répondit que je l'étonnais fort, mais qu'il s'en remettait entièrement à moi pour la refaire en entier, qu'il m'en reconnaissait capable à tous les points de vue. Par politesse, je lui laissai mettre dans notre traité que les changements seraient faits d'accord avec lui, mais ce n'était là qu'une formule de politesse : tout était à refaire par moi.

« Cependant il m'intéressait, avec son histoire du *Cours royal* et sa légende du *Livre abominable ;* aussi insisté-je auprès de vous pour vous faire publier le *Cours royal*. Sur Shakespeare, j'étais devenu très froid.

« Mais lui rêvait de prendre un théâtre avec vos fonds, de foudroyer les Français, de produire un Talma belge, d'avoir des fonds de vous pour vivre, dès le premier jour.

« Je devins alors très réservé avec M. Ménard. Ses commencements de procès contre la Comédie-Française, à laquelle il voulait réclamer 200.000 francs pour n'avoir pas joué son *Hamlet ;* ses ricanements à chacun des noms de poètes dramatiques, tels que M. de Bornier et M. Jean Richepin, — le maître actuel ; — son ignorance complète de tout et de tous, son orthographe même défectueuse ; tout cela me fit singulièrement réfléchir.

« Un incident m'ouvrit tout à fait les yeux. Un de mes amis, entré subitement chez lui, le trouva écrivant *Cymbeline*, de Shakespeare, avec un livre de vers très vieux ouvert devant lui. Je compris que c'était quelque ancienne traduction, ignorée, du grand poète anglais. Cette traduction ne doit pas contenir *Measure for measure*, car je lui ai en vain demandé de faire cette pièce, plus intéressante à mon avis pour la France que le *Roi Lear*, connu déjà par l'excellente traduction de F.-V. Hugo, et par la belle adaptation de Lacroix, sans parler de Montaigu, etc...

« Je voulus en avoir le cœur net, et, prenant Ménard à part, je lui parlai en anglais. Il ne put pas me répondre et me dit qu'il l'avait oublié !... volontairement !!! (1).

« C'est alors que je lui déclarai que je ne vous le présenterais pas, parce que, devant son ignorance de l'anglais, vous ne pourriez nous prendre que pour des farceurs voulant se moquer de vous.

« Au même moment, ledit Ménard m'envoya un projet de brochure contre la Comédie-Française, en me priant de la mettre en langue correcte. Il y avait là-dedans des infamies. M. Claretie y était accablé de gros mots que je ne veux pas répéter ; M. Le Bargy, qui n'a que trente-cinq ans, je crois, y était cité comme ayant entendu et approuvé une lecture d'*Hamlet-Ménard* il y a vingt-cinq ans ; M. Monval, le secrétaire-archiviste de la Comédie, un de mes camarades de Toulouse, un de mes amis des Matinées Ballande, ce lettré, cet érudit impeccable, y était odieusement insulté.

« Je renvoyai aussitôt cette ordure à M. Ménard, ainsi que son *Roi Lear*, et ma résiliation pure et simple de notre traité.

« Depuis lors, je lui ai écrit une autre lettre, le 17 août dernier, parce qu'il avait eu l'audace de me réclamer ma copie de notre contrat et les lettres que j'avais pu échanger avec la Comédie-Française ! — Je ne donne aucune lettre et je n'en montre aucune.

---

1. Je défie Mons lui-même de traduire correctement, devant vous, cinq lignes du *New-York Herald*.

« Feignant de ne pas avoir reçu ma résiliation, jouant la comédie de croire que je n'ai pas renoncé au tiers des droits d'auteur sur ses adaptations qui ne seront jamais jouées, M. Ménard m'a sommé par huissier, le 5 courant, de lui rendre compte de tout ce qui précède. Aujourd'hui, il me réclame 10.000 francs de dommages, alors que je l'ai sauvé du ridicule en ne présentant nulle part son *Roi Lear*

« La vérité, c'est que, dans ce *Roi Lear*, j'avais 2.500 vers à refaire, que, après cela, personne n'en aurait voulu, et que, à me mettre à un tel travail, je m'y mettrais pour mon compte personnel.

« M. Ménard ne sait pas l'anglais et ne peut donc pas traduire Shakespeare. M. Ménard ne sait pas faire les vers français. Aucun auteur ne me contredira, s'il consent à lire du Ménard. — Tant pis pour ceux qui le subventionnent pour payer des huissiers !

« Encore une fois, mon cher monsieur Aron, soyez assez bon pour me pardonner cet ennui nouveau et veuillez me croire.

« Votre bien respectueusement dévoué,

« *Signé :* François MONS. »

Pour suivre exactement l'ordre de dates, j'aurais dû mentionner plus haut que, le 17 août 1896, j'avais déjà écrit à M. Pellerin, agent général, que j'annulais la cession, etc., etc.., et qu'à cette même date, je forçais M. Mons d'écrire la lettre suivante à M. Ménard.

Copie de la lettre de François Mons à Louis Ménard.

« Le 17 août 1896.

« Monsieur Ménard, 6, place de l'École, Paris,

« Je ne sais pas ce qui peut vous agiter au sujet de votre traduction du *Roi Lear*, dont je devais revoir la versification avant d'essayer de la lire devant le Comité de lecture du Théâtre-Français.

« Depuis plus d'un an, depuis le jour où vous m'avez eu soumis votre autre traduction de Shakespeare, *Othello*, vous me priez de demander une lecture à *mon nom*, à la Comédie, mais en vous donnant au préalable ma parole que je dirais la pièce être de moi seul. — Je n'acceptai, après lecture, qu'à la condition d'en refaire tous les vers qui me paraissaient défectueux. La besogne était donc considérable, et nous convînmes de 33 pour 100 pour moi. Rien de plus légitime.

« Je demandai aussitôt une lecture à M. Claretie. M. Claretie me répondit en me disant de déposer la pièce, afin qu'elle fût soumise à l'examen. En effet, une traduction d'un chef-d'œuvre, déjà souvent traduit, n'a de chance que si elle est parfaite. De ce moment, je me proposais de me mettre au travail, dès que j'en aurais le temps, pour tâcher d'approcher (autant que je l'aurais pu) de cette perfection nécessaire.

« Comme vous m'aviez parlé d'autres affaires, je pris goût davantage à elles, et je proposai ce que vous appelez le *Cours royal* à une personne, amie des lettres, que je connaissais.

« Sur ces entrefaites, ayant besoin de faire lever une opposition qui me frappait à la Société des Auteurs pour une autre pièce, j'offris à cette personne bienveillante une cession du *Roi Lear*, en remplacement d'une précédente cession de ladite autre pièce.

« Mais, cela fait, j'avais parfaitement avoué (après trois mois et demi) à la personne que vous étiez l'auteur du *Roi Lear* et que je n'avais dessus que 33 pour 100 pour les améliorations que je devais y apporter.

« Je lui expliquai pourquoi — de par votre volonté expresse — je ne devais nommer que moi seul comme auteur jusqu'à la représentation du *Roi Lear*. Si vous connaissiez la jurisprudence coutumière des auteurs, vous sauriez qu'en aucun cas cette cession n'aurait pu porter au delà de mes 33 pour 100. J'étais donc parfaitement dans mon droit en faisant cette cession momentanée.

« Après cela, j'ai tout mis en œuvre pour que l'on prît en main vos productions, le *Cours royal* notamment. Je n'ai jamais cessé d'insister pour cela. J'ai même tant et tant insisté que j'ai fini par fatiguer la personne que je sollicitais pour vous. Vous m'en récompensez bien aujourd'hui, cela devait être.

« Si vous vouliez raisonner un peu, vous vous diriez, d'abord, que votre pièce, le *Roi Lear*, ne sera jamais jouée au Français où il faut, en 1896, des vers parfaits, inattaquables, de forme exquise, de rimes imprévues.

« Vous vous diriez ensuite qu'avec votre traité avec moi, il m'eût été impossible de faire jouer, comme mien, votre *Roi Lear*.

« Et vous vous diriez enfin que si, depuis que je vous ai rendu définitivement votre manuscrit, j'avais été mis au pied du mur pour produire et même livrer un *Roi Lear* de moi, en trois semaines, j'en aurais fait un, en suivant simplement pas à pas F.-V. Hugo.

« Vos craintes sur votre pièce n'ont donc pas de raison d'être. Vous avez votre manuscrit et j'ai rompu notre traité. Vous êtes donc libre avec votre *Roi Lear,* dont vous restez le seul maître. Si j'en voulais faire un, j'en aurais le droit. Mais soyez certain que je n'en ferai aucun.

« Je vous ai renvoyé votre manuscrit du *Roi Lear*, que vous ne me réclamiez pas, et j'ai annulé notre traité de moi-même, parce que je désapprouvais votre projet de brochure contre la Comédie-Française, à propos d'*Hamlet*. Tout simplement.

« Vous me priez, aujourd'hui, de vous communiquer la lettre de M. Claretie en réponse à ma demande de lecture du *Roi Lear*. Pourquoi, même si je l'avais conservée, vous la donnerais-je? J'avais demandé lecture à mon nom, comme c'était formellement stipulé dans notre traité. C'était mon droit et mon devoir, et personne, à la Comédie, n'a vu votre manuscrit. Depuis trois mois, la pièce est redevenue vôtre, je ne demande plus de lecture, vous êtes libre de tous vos mouvements; les lettres que j'ai reçues sont miennes.

« Vous me priez aussi de vous donner copie de ma cession à M. Joseph Aron. C'est encore bien plus inutile. M. Aron, qui n'avait accepté cette cession que pour m'obliger au sujet d'une pièce de moi frappée d'opposition, me fait savoir qu'il vient de renoncer à cette cession et de l'annuler *officiellement*.

« Vous me priez enfin de vous rendre mes copies de notre traité. Pourquoi encore? Je trouve qu'il suffit que ce traité soit annulé; je ne vous réclame pas vos copies en double. Tous ces papiers sont désormais nuls, soyez-en certain; nous ne pouvons donc les conserver, vous et moi, qu'à titre de souvenir.

« Le *Roi Lear* en question est donc bien à vous. Je renonce aux 33 pour 100 que vous m'aviez donnés pour aller lire moi-même au Français, après avoir revu votre versification. La situation ne peut pas être plus claire.

« Je n'ai pas corrigé vos vers, je n'ai pas lu votre pièce au Comité, vous en reprenez l'entière propriété.

« Vers la fin de nos relations, je vous avouerai que j'avais de vives craintes pour le jour où j'espérais vous pouvoir enfin aboucher avec M. Joseph Aron, car je venais de m'apercevoir tout à coup que vous ne connaissiez pas l'anglais, ou que, du moins, vous ne le parliez pas. Or, comme M. Aron connaît Shakespeare par cœur, dans le texte même, je confesse que j'avais peur. Je sais bien que cette ignorance d'une langue ne déconcerte pas les traducteurs, mais enfin il vaut mieux en parler peu, pas du tout même, si vous m'en croyez.

« Toutes mes salutations,

« *Signé :* François MONS. »

Vous pourrez relever de la lettre ci-dessus quelques erreurs que je ne crus pas nécessaire de faire modifier à M. Mons. Par exemple lorsqu'il dit : « Mais, cela fait, j'avais parfaitement avoué à la personne que vous étiez l'auteur du *Roi Lear* ». Assertion fausse, car Mons, en réalité, je l'ai déjà fait observer plus haut, ne m'a informé que Ménard était l'auteur du *Roi Lear* qu'au 31 mars 1896.

Mais, m'objecterez-vous peut-être, Messieurs, si mes défiances étaient alors si éveillées déjà au sujet de Mons et de Ménard, que faisait, aidé de ma bourse et presque à demeure chez moi, le premier de ces deux personnages pour lequel je professais le plus profond mépris et que je tenais pour lâche, intrigant et paresseux? Je vous dois la vérité tout entière et loin de moi la pensée de me soustraire à cette obligation, que je me suis volontairement prescrite.

A cette époque, j'étais engagé dans le procès que m'intentait M. le comte de Kératry. Je ne reviendrai pas ici sur les injustices et les insultes dont j'ai été abreuvé au cours de ce procès, d'ailleurs gagné par moi en dernier ressort. Il paraît que le titre de « citoyen américain » justifie toutes les avanies dont j'ai été l'objet de la part de Me Decori, avocat de mon adversaire, alors que je m'imaginais, naïf, que cette qualité, au contraire, devait me protéger en France dans mon honneur et dans ma dignité. Je me trompais lourdement et l'honorable chargé d'affaires des États-Unis, M. Vignaud, m'a tout à fait désabusé sur ce point.

Or, attaqué dans ce qu'un homme a de plus sacré, son honorabilité et sa loyauté, il m'était à peu près impossible de me défendre, non seulement en raison de mon ignorance des lois françaises, mais encore de ma connaissance insuffisante des finesses du langage juridique. Je n'éprouve aucun scrupule à reconnaître que Mons m'a aidé de sa plume dans la rédaction de mon Mémoire adressé à la Cour de Cassation et à la Cour d'Orléans; mais ainsi que je le disais à l'un de mes amis intimes, je me servais de Mons, comme les praticiens usent de l'arsenic dans les cas désespérés.

En plusieurs circonstances, notamment dans le procès Kératry, j'ai utilisé ses connaissances littéraires, mais j'ai plus largement payé son travail en espèces, qu'il n'a payé en reconnaissance mes services. Son concours m'a coûté les honoraires de plusieurs avoués et d'autant d'avocats.

Au cours de cette longue affaire Kératry, dont le dénouement a si complètement mis en lumière la justice de ma cause et mon absolue bonne foi, ne m'a-t-on pas assez reproché ma nationalité américaine? Mon adversaire et ses avocats s'en sont fait constamment une arme déloyale contre moi! Tous, avec une égale perfidie, feignaient d'oublier que j'ai mis vingt ans à me décider à me faire citoyen américain, et qu'elle n'a été faite qu'un an après mon option, à San Francisco, pour la nationalité française, en qualité de Lorrain d'origine. A cette décision, je n'avais apporté ni ruse ni habileté d'aucune sorte, ne faisant ainsi, je l'affirme, que ce que je croyais devoir faire en conscience, et ne voulant pas, si je retournais aux États-Unis, avoir à rougir de mesquines et basses variations d'opinions.

Ceci dit, pour expliquer et justifier la nature exacte de mes relations avec Mons, je continue, Messieurs.

De l'instance Ménard, en décembre 1896, je ne connaissais encore que la signification, que j'avais traité, sur le conseil de Mons, de quantité négligeable. Ma surprise fut grande, je l'avoue, lorsqu'à Orléans, devant la Cour d'Appel, M. le comte de Kératry, *informé peut-être par Mons lui-même,* crut devoir faire mention d'un jugement obtenu contre moi par ledit Ménard. Dès mon retour à Paris, je demandai à François Mons, lequel m'avait accompagné à Orléans, s'il était possible que Ménard eût pu obtenir un jugement contre moi. Mons m'affirma que la chose était impossible. — « Eh bien, répondis-je, informez-vous au Palais, sans tarder, car cette déclaration, faite à mi-voix par mon adversaire, pourrait être de nature à laisser la Cour sous une fâcheuse impression. » Mons revint et m'affirma qu'il n'existait nul jugement contre moi, et qu'il s'agissait là d'une fausse déclaration de M. le comte de Kératry. Séance tenante, je lui dictai le canevas d'une lettre pour M. Louvet, président de la Cour d'Orléans, lettre qu'il prépara entièrement et qui fut envoyée le 17 décembre 1896, recommandée, à son adresse.

Voici un extrait de cette lettre, envoyée avant le prononcé de l'arrêt de la Cour :

« En second lieu, M. de Kératry a cru faire un coup de maître en m'annonçant que j'avais perdu un procès au civil au sujet d'une pièce de Shakespeare que j'aurais dérobée à un certain Ménard.

« Si le fait est vrai, je l'ignore effectivement. Vous avez, du reste, bien vu que M. de Kératry me l'annonçait. Je n'ai pas même connaissance de cette histoire. Ce Ménard, qui m'écrivait pour me demander 200 francs par mois, est célèbre pour ses revendications; à cette heure, il réclame 200.000 francs à M. Belin, conseiller à la Cour de Dijon, pour un manuscrit sur Louis XIV, et une somme égale à la Comédie-Française, parce qu'Alexandre Dumas et Paul Meurice lui auraient volé son *Hamlet*... Il convient d'ajouter que ce traducteur de Shakespeare ne sait pas un mot d'anglais. Si on l'a aidé, à mon insu, pour pouvoir apporter cette plaisanterie devant la Cour d'Orléans, c'est une plaisanterie qui n'aura pas de durée. »

Hélas, Messieurs, ce que je traitais alors de plaisanterie n'en était pas une, ainsi que vous allez le voir.

Le 28 avril 1897, alors que j'avais quitté mon appartement, 59, rue de Maubeuge, pour aller

(1) Me Léon, Avocat de mon gérant Pierre Garde, présenta une copie de cette lettre à M. Richard, Président de la 9ème Chambre Correctionnelle, lettre qui, probablement, provoqua le désistement de Kératry.

demeurer à Montrouge, je reçus, adressée à mon ancien domicile, la lettre suivante de mes banquiers américains Morgan, Harjes et C°, 31, boulevard Haussmann. (Je traduis de l'anglais.)

27 avril 1897. — « Cher Monsieur... Nous vous informons qu'une opposition nous a été faite aujourd'hui, à la requête de Ménard, place de l'École, 6, sur les fonds ou valeurs en dépôt chez nous pour votre compte jusqu'à concurrence de dix mille francs (10.000 fr.), dont veuillez prendre note. Nous restons vos dévoués,

« *Signé* : MORGAN, HARJES et C°.

« A Joseph Aron, Esq., 59, rue de Maubeuge. »

Je fus d'autant plus surpris de cette lettre que *je n'avais reçu aucune signification d'un jugement quelconque prononcé contre moi*. Je me rendis immédiatement à la banque Morgan, Harjes et C° (dans laquelle j'avais en dépôt, à Paris, plus de 12.000 francs, et à New-York, chez leurs correspondants ou associés, la maison J. P. Morgan et C° (l'une des trois maisons qui formaient avec les Seligman, le fameux Comité américain du Canal de Panama), plus de 125.000 francs de valeurs américaines achetées par eux, pour mon compte, et qui avaient été envoyées à New-York, le 19 mars 1897).

Je m'adressai au caissier lui demandant : « Qu'est-ce que cela signifie? Puis-je voir M. Siegel? »

Le caissier me répondit assez cavalièrement : « Non, Monsieur ; M. Siegel étant absent ne saurait vous recevoir. Fort étonné d'être accueilli, pour la première fois, dans cette banque, d'une manière si discourtoise par les employés qui, jusqu'à présent, s'étaient toujours montrés des plus convenables avec moi, j'insistai pour voir la copie de l'opposition laissée par l'huissier. On hésita un peu et, devant mon insistance, un commis me fit voir la signification signée L. Fortier, huissier, etc... Il refusa de me donner cette pièce que je demandais pour mon avoué, même en offrant d'en donner un reçu. Je demandai alors de voir celui qui remplaçait M. Siegel, pendant son absence. Nouveau refus. Je partis alors en leur disant : « J'insiste pour que vous m'envoyiez une copie demain matin. »

Le lendemain, je reçus la lettre suivante (en anglais) et la copie en français :

MORGAN, HARJES et C°
PARIS
—
J. P. MORGAN et C°
NEW-YORK
—
DREXEL et C°
PHILADELPHIA
—
Adresse télégraphique :
HARJES-PARIS

« 31, boulevard Haussmann, Paris, 29 avril 1897.

« En nous conformant, cher Monsieur, à votre requête verbale, nous vous envoyons ci-inclus la copie de l'opposition faite contre vous.

« Nous référant à ce sujet à notre lettre d'hier, nous restons, cher Monsieur, vos dévoués,

« MORGAN, HARJES et C°.

« A Joseph Aron, Esq., 59, rue du Maubeuge, E. V. »

Copie envoyée par Morgan, Harjes et C°, dans leur lettre du 29 avril 1897.

« D'un jugement rendu par défaut par la première Chambre du Tribunal civil de la Seine, le 20 novembre 1896, enregistré, au profit de M. Ménard, homme de lettres, demeurant à Paris, place de l'École, n° 6, contre :

« 1° M. Mons, homme de lettres, demeurant à Paris, rue des Martyrs, n° 79;

« 2° M. Aron, publiciste, demeurant à Paris, rue de Maubeuge, n° 59, il a été extrait littéralement ce qui suit : Le Tribunal... déclare résiliées à la charge de Mons et inopérantes les conventions d'abandon du tiers des droits d'auteur et condamne Mons en dix mille francs de dommages-intérêts de ce chef; déclare nulle et sans effet la vente concertée entre eux, faite par Mons à Aron, du 18 février 1896, et pour le préjudice causé condamne Mons et Aron solidairement entre eux en dix mille francs de dommages-intérêts et les condamne en outre en tous les dépens.

« Pour extrait, *Signé* : RIVIÈRE. »

« L'an mil huit cent quatre-vingt-dix-sept, le vingt-sept avril.

« En vertu de la grosse dûment exécutoire d'un jugement rendu par défaut par la première Chambre du Tribunal civil de la Seine, le 20 novembre 1896, *enregistrée* et *signifiée*, et dont extrait est donné en tête des présentes.

« Et à la requête de M. Ménard, homme de lettres, demeurant à Paris, place de l'École, n° 6.

« Pour qui domicile est élu à Paris, 8, rue Chabannais, en l'étude de Me Rivière, avoué près le Tribunal de la Seine.

« J'ai, Louis-Jules-François Fortier, huissier près le Tribunal civil de la Seine, séant à Paris, y demeurant rue d'Aboukir, Moi, soussigné, dit et déclaré à MM. Morgan, Harjes et Co, banquiers, demeurant à Paris, boulevard Haussmann, 31, où étant en leur domicile et parlant à la concierge de la maison ainsi déclaré.

« Que le requérant est opposant, comme de fait il s'oppose par les présentes à ce que les susnommés se désaisissent, paient ou vident leurs mains en d'autres que les siennes d'aucune somme, dossier ou valeur qu'ils ont ou auront, doivent ou devront, détiennent ou détiendront, à quelque titre et pour quelque cause que ce soit à M. Aron, publiciste, demeurant à Paris, rue de Maubeuge, 59.

« Leur déclarant que la présente opposition leur est ainsi faite pour sûreté, conservation et avoir paiement de la somme de dix mille francs, montant des condamnations prononcées contre M. Aron, au profit du requérant par le jugement sus-énoncé.

« Sans préjudice de tous autres dûs, droits, actions, intérêts et frais.

« Protestons de nullité contre tout ce qui serait fait au mépris de la présente opposition.

« Sous toutes réserves

« A ce qu'ils n'en ignorent

« Et je leur ai en parlant comme dessus laissé cette copie.

« Coût, 6 francs 80 centimes, sauf autres dus à Me Rivière, avoué, y compris une feuille à 1 franc 20 centimes, employée pour la copie. Un mot rayé nul.

« *Signé :* L. FORTIER. »

Je me rendis à la banque et je vis M. Siegel, le gérant de la maison Morgan, Harjes et Co. Après lui avoir expliqué toute l'affaire Ménard, je partis convaincu qu'ayant plus de 125.000 francs à mon crédit dans la maison J. P. Morgan et Co de New-York, je pouvais disposer d'une certaine somme à ma convenance et, à cet effet, dès le 11 mai, je tirais, à l'ordre de M. Pierre Macé, un chèque de 7.000 francs. Ce chèque ne fut pas payé. Pour la première fois de ma vie, Messieurs, je le jure sur l'honneur, on déshonorait ma signature. Sans calculer les sacrifices que ma décision allait m'imposer, je dus me déterminer immédiatement à faire vendre, à New-York, diverses obligations de chemins de fer, ainsi que l'établit la correspondance ci-après :

Lettre de Morgan, Harjes et Co à Joseph Aron (écrite en français).

« Paris, le 11 mai 1897.

« Monsieur Joseph Aron, 59, rue de Maubeuge. E. V.

« Monsieur,

« Nous venons vous informer qu'il nous a été présenté aujourd'hui un chèque de fr. 7.000, n° 36.572, tiré par vous à l'ordre de M. Pierre Macé, chèque que nous n'avons pu payer en raison de l'opposition dont nous avons été avisé.

« Agréez, etc...

« MORGAN, HARJES et Co. »

Lettre de Joseph Aron à Morgan, Harjes et Cº, recommandée avec accusé de réception.

« Grand-Montrouge, 23. rue Boileau, le 12 mai 1897.

« Messieurs Morgan, Harjes et Cº, 31, boulevard Haussmann, Paris.

« Messieurs,

« Ma petite fille étant assez malade, je ne puis quitter Montrouge pour aller à Paris. Je demeure, 23, rue Boileau.

« Je prends note que vous avez déshonoré hier mon chèque nº 36.572, à l'ordre de Pierre Macé, de frs. 7.000.

« Le 19 mars, j'ai reçu de vous la lettre suivante :

MORGAN, HARJES et Cº
PARIS
—
J. P. MORGAN et Cº
NEW-YORK
—
DREXEL et Cº
PHILADELPHIA
—

« 31, boulevard Haussmann, Paris, le 19 mars 1897.

« Monsieur Joseph Aron, Paris.

« Monsieur,

« Nous vous accusons réception de vos lettres des 15 et 17 courant.

« Selon vos instructions, nous avons retiré de la Banque de France les titres suivants que nous y conservions pour votre compte :

« $ 15.000. Manhattan Ry. Cons. Mge. 4 % Bonds 1990.

« $ 15.000. Cleveland, Cincinnati, Chicago et St-Louis Ry Cº (St-Louis Div.) 1 et Mge 4 % Bonds 1990, que nous avons envoyés par le courrier de ce jour à notre maison de New-York.

« Les frais d'assurance et de port s'élèvent à fr. 173,80 dont nous vous débitons.

« Nous prenons note que les titres ci-dessus doivent être vendus par la suite et, à valoir sur cette vente, nous vous avons remis le 17 courant une somme des 25.000 francs (25.000 francs).

« Nous prenons note également que si d'ici *le 15 juin prochain* nous n'avons pas reçu un ordre définitif pour la vente des susdits titres, nous pourrons vendre après cette date, à notre convenance, la quantité de titres nécessaires pour le remboursement de notre dite avance de frs. 25.000.

« Agréez, Monsieur, nos salutations empressées,

« MORGAN, HARJES et Cº. »

« Je vous prie, Messieurs, de câbler immédiatement à New-York pour vendre moitié Manhattan, moitié Cleveland, Cincin. Chic. et St-Louis Bond pour vous couvrir de 25.000 francs à moi remis le 17 mars.

« J'ai l'honneur de vous saluer,

« Joseph ARON.

« Vous m'obligerez de vous faire câbler de New-York les prix obtenus. J. A. »

Lettre de Morgan, Harjes et Cº à Joseph Aron (écrite en français).

Paris, le 13 mai 1897.

« Monsieur Joseph Aron, 23, rue Boileau, Grand-Montrouge.

« Monsieur,

« Nous sommes en possession de votre lettre d'hier et, suivant votre demande, nous avons télégraphié à notre maison de New-York de vendre, pour votre compte, au mieux :

« $ 2.000. Manhattan Ry. Bons Mge 4 % Bonds. 1990.

« $ 3.000. Clevd, Cinc. Chicago et St-Louis Ry Cº. (St-Louis Division) 1 et Mge 4 % Bonds 1990.

« Aux cours que nous voyons cotés (92 1/2 pour les Manhattan, 96 pour les Cleveland), la vente ne produira pas tout à fait la somme nécessaire pour nous couvrir de notre avance de 25.000 francs, et nous vous prions de nous dire si, pour le petit reliquat, frs. : 1.000 environ, vous désirez que nous vendions une autre obligation de $ 1.000.

« Agréez, Monsieur, nos salutations empressées,

« MORGAN, HARJES et C°. »

Lettre de Morgan, Harjes et C° à Joseph Aron (écrite en français).

« Monsieur Joseph Aron, 23, rue Boileau, Grand-Montrouge.

« Monsieur,

« Nous vous confirmons notre lettre d'hier, et nous avons l'avantage de vous informer que nous recevons ce matin de notre maison de New-York avis télégraphique de la vente pour votre compte de :

« $ 2.000. Manhattan Ry. Bons. Mge 4 % Bds. à 92 1/2 et $ 3.000. Cleveland, Cinc. Chicago et St-Louis Ry C°. (St Louis Division) 1 et Mge 4 % Bonds à 95. Le décompte suivra.

« Recevez, Monsieur, nos salutations empressées,

« MORGAN, HARJES et C°. »

Le 15 mai suivant, je me rendis de nouveau à la banque, et ne pus voir aucun des fondés de pouvoirs, les commis, tous Allemands d'ailleurs, de même que M. Siegel, me recevant toujours avec la même morgue insolente. Le 20 mai, bien que j'affirmasse à M. Siegel que j'étais prévenu par M° Collin, mon avoué, que le Président des Référés avait conclu de me laisser déposer 10.000 francs à la Société des Dépôts et Consignations, ce Monsieur refusa de me laisser tirer un centime. Furieux, je lui écrivis alors une note dont je n'ai pas gardé la copie, et par laquelle je lui donnais l'ordre de vendre le reste de mes obligations et de remettre le produit par câble.

Le 21, je reçus la lettre suivante :

Paris, 31, boulevard Haussmann, 21 mai 1897.

« Cher Monsieur,

« Nous avons reçu votre lettre du 20 mai, et, conformément à votre désir, nous avons câblé à MM. J. P. Morgan et C° de vendre pour votre compte le reliquat de vos obligations déposées chez eux (With then), soit :

« $ 12.000 (douze mille dollars) Clev. Cinc. Chic. St-Louis (Ry St-Louis Div.) I. Coll. Irust Mge 4 % Gold 1990-95.

« $ 13.000 (treize mille dollars) Manhattan Ry consd 4 %. Gold 1990-92 1/2, en les priant de nous remettre les produits par câble.

« Nous prenons note du restant de votre lettre.

« En restant, cher Monsieur, vos dévoués,

« MORGAN, HARJES et C°. »

Lettre de Morgan, Harjes et C° à Joseph Aron.

« Paris, 22 mai 1897.

« Cher Monsieur,

« Nous avons reçu aujourd'hui câble annonçant la vente de $ 9.000 (neuf mille dollars) Manh. Ry Cons. Mge 4 % Gold Bonds 92 1/2.

« $ 12.000 (douze mille dollars) C. C. C. St-Louis 4 % Bonds (St-Louis Div.) 95 1/4.

« Le restant de votre ordre sera exécuté.

« Nous sommes vos dévoués,

« MORGAN, HARJES et C°. »

Lettre de Morgan, Harjes et C° à Joseph Aron.

« Paris, 24 mai 1897.

« Monsieur Joseph Aron, 59, rue de Maubeuge, Paris.

« Monsieur,

« Ci-inclus nous avons l'avantage de vous remettre bordereau relatif à la vente de

« $ 2.000. Manhattan Ry C° bons Mge 4 % Golde bonds.

« $ 3.000. Cleveland Cinc. Chicago et St-Louis (St-L. D.) 1 st Mgc 4 %, avisée le 14 courant et produisant :

« Frs. 23.970, à votre crédit en compte spécial.

« Agréez, Monsieur, nos salutations empressées,

« MORGAN, HARJES et C°. »

Lettre de Morgan, Harjes et C° à Joseph Aron.

« Paris, 25 mai 1897.

« Monsieur,

« Comme suite à notre lettre du 24, nous vous informons que nous avons reçu aujourd'hui de notre maison de New-York la remise par câble de 100.706 francs (cent mille sept cent six francs), le produit de la vente d'une partie de vos obligations, montant crédité à votre compte *sous réserves des termes de votre lettre du 20 mai 1897*.

« Agréez, Monsieur, etc...

« MORGAN, HARJES et C°.

« P. S. — Nous vous débitons de 15 francs pour dépenses de câbles. »

Lettre de Morgan, Harjes et C° à Joseph Aron.

« Paris, 28 mai 1897.

« Monsieur Joseph Aron, 23, rue Boileau, Grand-Montrouge.

« Monsieur,

« Nous avons reçu avant-hier votre télégramme :

« Ai reçu votre lettre 25 mai annonçant remise 100.706 francs, reçois à l'instant votre dépêche « n° 34.822; vous m'obligerez beaucoup de faire versement 10.000 francs à la Caisse des Dépôts et Con- « signations pour l'affaire Ménard. Télégraphiez-moi si après cela je puis tirer chèques. »

auquel nous avons répondu comme suit :

« Avons reçu votre dépêche trop tard pour effectuer versement aujourd'hui, vous télégraphierons « vendredi matin. »

« Ainsi que nous vous l'avons télégraphié ce matin, nous avons chargé notre avoué, Me Nien, de verser aujourd'hui pour votre compte à la Caisse des Dépôts et Consignations, en vertu de votre autorisation et de l'ordonnance de référé du 15 courant, la somme de frs. 10.000 (dix mille francs), dont nous vous débitons, *et vous pourrez maintenant émettre vos chèques sur nous pour le montant de votre avoir*.

« Notre maison de New-York nous avise, par câble, avoir vendu pour votre compte et pour solde de votre ordre :

« $ 4.000. Manhattan Ry bons. Mge 4 % Bonds à 92 1/2 et elle nous remet, en même temps, en couverture du produit, la somme de, sauf erreur dans la transmission de la dépêche, frs. 18.845 (dix-huit mille huit cent quarante cinq francs) que nous portons à votre crédit.

« Agréez, Monsieur, nos salutations.

« MORGAN, HARJES et C°.

Ainsi, depuis le 27 avril jusqu'au 28 mai, c'est-à-dire pendant un mois entier, plus de 150.000 francs m'appartenant demeurèrent immobilisés du fait du jugement obtenu contre moi par Ménard.

QU'EST-CE QUE LOUIS MÉNARD?

Je traçais tout à l'heure le portrait de François Mons; peut-être, Messieurs, me permettrez-vous, pour conclure, de chercher à savoir au juste ce qu'est à son tour ce Louis Ménard, évidemment son complice en toute cette affaire, qui me causa un si réel préjudice, aussi bien matériel que moral. La dernière lettre de Mons, datée du 28 octobre 1896 et citée plus haut, ainsi que celle de Ménard du 8 juillet 1896, reproduite au commencement de ce mémoire, serviront de preuves plus que suffisantes pour peindre l'homme et l'écrivain. Homme, il est tellement convaincu de son intelligence, de son érudition, qu'il se déclare lui-même un être supérieur, un génie; écrivain, il ne permet à personne, pas même à M. Claretie, de douter qu'il ne soit l'égal de Shakespeare, et même sa modestie littéraire l'autorise à se croire... *un peu au-dessus.*

Quel est donc enfin le passé littéraire de ce bizarre personnage? Qu'a-t-il écrit? De même, qu'en justice, les magistrats consultent les antécédents d'un accusé, de même en littérature on doit rechercher, pour les apprécier à leur mesure, l'œuvre et les précédents littéraires d'un écrivain. Mais, Messieurs, sur ce point délicat, je dois, profane, *m'abriter derrière le jugement d'esprits plus autorisés que moi-même.* Qu'a produit, jusqu'à ce jour, de l'aveu de ses pairs, l'érudit Ménard? Une pièce de théâtre à succès? Un livre d'histoire important? Un ouvrage quelconque, en un mot, qui ait fait sensation dans le monde des lettres? Non, il a *produit,* c'est bien le mot, une prétendue traduction de Juvénal, attribuée à Bossuet. Infortuné Bossuet, il ne se doutait guère, à l'heure où il enseignait le Dauphin, fils de Louis XIV, qu'il avait pour élève Louis Ménard, lequel abuserait de son nom pour faire accepter des savants une traduction plus qu'incorrecte, au dire des connaisseurs, faite de pièces et de morceaux, pris ou plutôt pillés un peu partout, dans les traductions.

Comme dernier trait à ce portrait rapidement esquissé, je reproduis ces passages, empruntés au R. P. Lallemand, de l'Oratoire, savant et impartial écrivain (1).

Un Manuscrit de Bossuet (2).

Notre temps se retourne avec une passion singulière vers le passé. Sous des formes variées presque à l'infini, cette recherche des choses d'autrefois sera la vraie grandeur de notre siècle... Vive a donc été l'émotion des lettrés, lorsque, il y a six ans, un jeune homme inconnu jusqu'alors annonça qu'un heureux hasard l'avait rendu propriétaire d'un manuscrit très important de Bossuet, qui formait le Cours complet fait au Dauphin sur Juvénal, sur Perse et sur le *Cantique des Cantiques*... Depuis plusieurs mois, la curiosité a pu se satisfaire : le livre est imprimé... Je crois qu'il n'est pas possible de faire remonter à Bossuet la paternité de ce livre... La bonne foi et le sens littéraire de M. Ménard ont été surpris : Ce commentaire n'est point de Bossuet... De tout ce qui précède, ne doit-on pas tirer cette légitime conclusion : Dans le livre que M. Ménard a fait imprimer sous le nom de Bossuet, ni le lexique, ni la syntaxe, ni la période ne rappellent le Bossuet que nous aimons : Donc cette œuvre n'est point authentique...

---

1. *A travers la littérature,* par Paul Lallemand, prêtre de l'Oratoire, agrégé de l'Université, docteur ès-lettres, maître de conférences à l'Institut catholique de Paris. — Pages 285 et suivantes.

2. Œuvres inédites de J.-B. Bossuet, découvertes et publiées sur les manuscrits du cabinet du roi et des bibliothèques nationales, de l'Arsenal, etc., par M. Auguste-Louis Ménard : *Le Cours royal complet sur Juvénal,* in-4°. — Paris, Didot, 1881.

Or, le commentaire publié par M. Ménard n'indique en rien le penseur, l'historien, le prêtre, qui se montre à nous dans tous ses autres commentaires. Ce qu'il dit est puéril, propre à une intelligence à peine éveillée. En sixième et en cinquième, on comprendrait cette abondance de détails, où les moindres particularités mythologiques et géographiques intéressent l'enfant. Mais quand on met Juvénal entre les mains d'un écolier, le temps n'est plus de lui apprendre ce qu'étaient Rhéa, Sylvia, Vulcain, Achille, Cléopâtre et Pégase.

Presque toutes les notes du manuscrit n'ont point d'autre valeur, en voici quelques-unes :

« La famille des Capitolins était fort illustre dans Rome, etc., etc.... » Que dites-vous de cette note, écrite pour un jeune homme de dix-huit ans, et qui aurait fini ses humanités ? « Athènes est une ville de Grèce, entre la Macédoine et l'Achaïe ; elle fut fondée par Cécrops. Les dieux voulurent lui donner un nom ; Pallas et Neptune disputèrent à qui lui donnerait le sien, etc., etc.... » — « L'île de Corse est habitée par des brigands qui surpassent en cruauté les bêtes les plus farouches ; leur taille est plus grande que celle du commun des hommes, à cause de la grande quantité de miel qu'ils mangent. »

Se douterait-on, — si Bossuet a pu écrire de pareilles inepties, — qu'il avait étudié à fond l'histoire naturelle et assisté à des leçons d'anatomie sous Duvernay ?

A côté de ces détails si enfantins, il en est d'autres, je l'ai déjà dit, qui sont d'une obscénité révoltante... J'ai essayé de prouver que le premier volume publié par M. A.-L. Ménard sur Juvénal, et attribué par lui à Bossuet, ne pouvait être, ni pour le fond, ni pour la forme, l'œuvre du grand évêque ? M. Gazier, maître de conférences à la Sorbonne (*Revue critique* du 13 février 1882), M. Gaston Boissier, de l'Académie française (*Journal des Savants,* juin 1892), ont soutenu la même thèse que moi ; l'un, avec l'autorité que lui donnent les études toutes particulières qu'il a faites des sermons de Bossuet ; l'autre, avec la compétence d'un lettré exquis, d'un savant à qui l'antiquité latine est aussi familière que notre XVIIe siècle classique.

M. Ménard ne s'est point laissé convaincre par les arguments qui lui ont été opposés : il met au jour le second volume du *Cours royal*, fait par Bossuet au Dauphin. Après Juvénal, c'est Perse, Platon, Térence, Xénophon, Lucrèce, et enfin une instruction au prince pour bien régner. Entre temps, pour ne point perdre le goût des choses non publiées, il a donné à la *Nouvelle Revue* des poésies inédites de Bossuet.

Or, il se trouva que ces poésies inédites avaient déjà été imprimées par Migne, dans son édition des œuvres de l'évêque de Meaux, il y a plus de trente ans, et rééditées ensuite par M. Lachat. Il m'est aussi arrivé quelque bruit d'une autre mésaventure de ce genre, dont M. Ménard aurait été la victime, à propos de Fables inédites de La Fontaine. Cela devrait le rendre prudent.

M. Ménard n'en présente pas moins au public un autre volume de Bossuet inédit. Dans la préface, il tente de réfuter ses adversaires, les prenant d'abord chacun à partie, puis les enveloppant tous les trois dans l'expression du même dédain et des mêmes injures. Il me serait facile de suivre M. Ménard dans une polémique peu courtoise et de reprendre, à mon tour, cette arme des personnalités. J'estime trop le métier que je fais pour user de pareils procédés dont je donnerai tout à l'heure un spécimen... La vérité est que M. Ménard s'est lourdement trompé et a induit M. Paul Lacroix en erreur.

Multipliez vos arguments, dirai-je à M. Ménard, faites appel à toutes les ressources d'un avocat qui défend une cause mauvaise. Le goût le plus élémentaire, je ne sais quel flair de lettré un peu délicat, condamne votre Bossuet : il n'est et ne sera jamais le Bossuet de tout le monde.

M. Ménard ne m'a certes point répondu. Voici comme il interprète certaines des objections qui lui ont été faites : « On a cru me terrasser en citant comme une ineptie la remarque de Bossuet sur les Corses, qui étaient extrêmement vigoureux parce qu'ils mangeaient beaucoup de miel. D'abord cela est dit au figuré et signifie que l'extrême frugalité si poétiquement représentée par une alimentation dulcifiée, par cette hygiénique et parfumée rosée céleste, à la fois tour à tour solide et liquide, est la source d'une athlétique vigueur. »

Ne suffit-il pas à mes lecteurs, pour être éclairés, de lire de pareilles phrases ?

Ailleurs, je m'étais permis de ne point partager l'admiration enthousiaste de M. Ménard pour un passage du *Juvénal,* « le morceau le plus parfait dans la prose française ». « Oui, dit M. Ménard, je maintiens mon dire, n'ayant pas cru devoir expliquer ce qui de soi-même se sous-entend, que s'agissant d'une étude scolaire, mon appréciation ne touchait que les travaux de cette sorte... » Non, Monsieur, vous vous trompez. Il ne s'agissait point de devoirs scolaires, puisque, d'après vous, ce morceau réunissait les « deux plus beaux passages de l'histoire et de l'oraison ».

Et maintenant, est-il besoin de faire intervenir des autorités et des témoignages d'une indiscutable valeur?

MM. Léopold Delisle et Charavay, à qui le manuscrit fut soumis, ont déclaré qu'il ne s'y trouvait pas une panse d'A de l'écriture de Bossuet. M. Ménard maintient, au contraire, que toutes les corrections sont de la main du grand évêque.

M. Ménard annonce que ces œuvres inédites ont été honorées d'une souscription du ministère de l'Instruction publique. Il ne dit pas que les deux cents exemplaires du premier volume, auxquels avait souscrit le ministre, surpris comme tant d'autres, ont été destinés au pilon...

Je terminerai en citant cette page où M. Ménard se montre écrivain d'un art consommé et polémiste d'une rare courtoisie :

« Comme mon illustre compatriote Courier, *et c'est mon seul point de contact avec lui,* je n'ai point mon chemin à faire « dans la partie des lettres comme dans le sel ou les tabacs »; comme lui, j'appartiens à cette classe laborieuse, aisée, patriarcale, de petits propriétaires terriens qui, nés de la France, de la Révolution, l'ont défendue par leur sang, l'enrichissent par leur sueur, la conservent par leur vote, tout comme autrefois les petits barons et seigneurs titrés par Charlemagne appuyèrent, solides arcs-boutants, la Monarchie des Capétiens; comme lui, par mes traditions de famille, par l'humeur joyeuse et franche de notre riche pays, je n'ai rien de commun avec les pauvres maîtres sophistes, les besogneux Janotus de Braguenardo, les barbouillés de grec, les accablés de latin, dont le simple sens commun a fait naufrage de bonne heure, englouti sous le poids et la diversité des mille squelettes de la science et de toutes les théories mortes; ou avec les donneurs de répétitions qui, dans l'entr'acte de leur gagne-pain routinier, monnayent précipitamment des articles de simili-science; au lieu de me disperser en visites obséquieuses, je me suis, à son exemple, et en regrettant amèrement de ne suivre que de bien loin, hélas, l'homéride vigneron, amassé en substantifique moelle, l'absconse quintessence des seuls chefs-d'œuvre de pur génie, la vivifiant sans cesse par la vie, devant la nature, ces deux grands livres infaillibles, et pour contrôle souverain, j'ai remué, scruté, analysé tous ces vieux papiers où dort la vérité; comme lui, j'ose penser, d'après moi, étant féodalement indépendant dans mon patrimoine natal, modeste fortune, mais peut-être la seule corruptrice, sur ce bon sol tourangeau, non plus comme en l'âge d'or monarchique, pittoresquement inculte, mais utilement soigné par nos serviteurs héréditaires comme lui, dans un petit manoir abbatial dont les anciens, fangeux, pestilants et croassants fossés sont devenus jardins embaumés et chantants, je tiens la plume avec la franchise indomptable que les vieux Francs, nos aïeux directs, mettaient à manier l'épée; comme lui, je n'ai rien de cette valetaille de lettres qui va flibuster de journal en journal, gueuser des encens, mendier des articles à des mandarins pontifiants, à des charlatans phénix qui les assomment de louanges pour se faire introniser par eux; comme lui, j'adore religieusement *la vérité, oui, la vérité seule, même contre moi.* »

M. Ménard dit quelque part « que l'allure grandiose et simple » de Bossuet « ne se gagne point ni par fréquentation ni par déteinte... » Que M. Ménard se rassure : pour être convaincu, on n'a qu'à le lire. »

En dehors de cette traduction, son bagage littéraire se compose de prétendus manuscrits découverts, sinon *inventés* par lui et de traductions de pièces anglaises *empruntées* à Le Tourneur et à d'autres. Aussi la presse et les curieux, alléchés et déçus par ces soi-disant trouvailles, ou s'en sont moqués bien vite ou ont gardé sur les supercheries de ce pseudo-érudit, assoiffé de lucre et de réclame, un dédaigneux silence.

Et c'est cet homme qui n'a même pas su se créer un semblant de réputation littéraire, en se parant des noms les plus illustres, qui émet aujourd'hui la prétention de me réclamer 10.000 francs de dommages-intérêts! Quel dommage ai-je bien pu lui causer à cet illustre inconnu, qui fait un procès à la Comédie-Française, en 200.000 francs de dommages-intérêts, parce qu'après avoir lu son *Hamlet*, elle a refusé de le jouer!

Ma correspondance avec François Mons prouve à l'évidence que trois mois avant l'emprisonnement de ce dernier, et par conséquent, trois mois avant que Ménard se présentât chez moi, je renvoyais à Mons tous les documents shakespeariens, inclus le *Roi Lear,* dès que j'appris qu'il n'en était pas l'auteur, et que depuis lors j'ai constamment et énergiquement refusé cette pièce aussi bien que toute autre.

Mais, Messieurs, si je ne dois rien à Ménard, en revanche, il reste, lui, mon débiteur; il m'a assigné, en effet, sans aucun motif devant le Tribunal; il m'a, de concert avec Mons, fait condamner en 10.000 francs de dommages-intérêts; il m'a, en faisant opposition pour cette somme, chez mes banquiers, avant signification du jugement, fermé mon compte s'élevant à plus de 150.000 francs, déshonoré ma signature en m'exposant à l'affront du refus de paiement d'un chèque; il m'a forcé, pendant un mois, d'emprunter pour vivre et obligé, enfin, pour verser cette somme de 10.000 francs à la Caisse des Dépôts et Consignations, d'introduire un référé et de vendre à perte mes valeurs.

J'ai fini, Messieurs. Je remercie Dieu de m'avoir donné la force nécessaire pour terminer ce travail. Je l'ai soumis, en grande partie, à deux amis, n'ayant jamais été, eux, dans une étude d'hommes de loi.

Ils ont approuvé beaucoup; ils ont critiqué quelques passages. Donnez ce Mémoire maintenant à un bon avocat pour le mettre au point légal, néanmoins, ont-ils ajouté. — Si vous étiez juges, Messieurs, comment me jugeriez-vous après la lecture de ce Mémoire? — Comme vous méritez de l'être; c'est-à-dire, un honnête homme, indignement trompé et exploité. Cela me suffit, répondis-je; je vais l'envoyer à ces Messieurs de la Première Chambre.

Quant aux conclusions, j'ai demandé à mon savant avoué, Me Collin, de les présenter en leur donnant la forme légale voulue.

Par ces motifs et les preuves données plus haut.

Plaise a la Chambre :

« Déclarer nul et d'aucun effet le jugement rendu par défaut contre moi le 20 novembre 1896; condamner Louis Ménard à tous les frais et dépens et en dix mille francs de dommages-intérêts et solidairement avec lui François Mons... et à l'insertion de ce jugement dans dix journaux de Paris, dont l'un le *New-York Herald*, journal américain.

« Et ce sera bien jugé. »

THE
DRAMATIC REVIEW

VOL. I. NEW YORK, FEBRUARY, 1886. No. 1.

M. FRANÇOIS MONS.

RÉVUE DRAMATIQUE.

Notre journal sera publié dorénavant sous le nom de THE DRAMATIC REVIEW, et aura ainsi que ce premier numéro vingt pages d'impression. De sérieuses considérations nous ont dicté ce changement de titre et de format, et nous sommes convaincus que notre nouveau plan répondra très efficacement aux besoins de notre agence.

En effet, le développement pris par notre entreprise est tel que nous avons dû nous décider à faire de notre journal un organe capable de sauvegarder les intérêts des auteurs et compositeurs dramatiques français, et de nous créer une place sérieuse dans la critique dramatique et musicale.

Le succès de notre entreprise est maintenant assuré, et les lettres que nous recevons journellement de Paris, de même que les paroles encourageantes qui nous sont adressées par des managers sérieux de théâtres américains, sont des preuves indiscutables que la "Franco-American Agency for Dramatic Literature (Limited)" est déjà devenue une institution, dont l'importance a frappé le monde dramatique.

L'accueil fait à notre directeur littéraire, Monsieur François Mons, par messieurs les auteurs et compositeurs français, est d'autant plus flatteur, qu'il peut être considéré comme une approbation manifeste de notre programme.

Ce que nous avons déjà obtenu n'est rien, comparé à ce que nous pouvons maintenant espérer. Soutenus par les auteurs français, nous ne pouvions manquer d'être sollicités par les managers des États-Unis. Nous avons reçu des demandes de pièces que nous serons bientôt en position de fournir : et le jour n'est pas éloigné, où les œuvres dramatiques sortant de nos bureaux seront vivement recherchées par les directeurs, et accueillies avec faveur par le public. Il ne pourrait en être autrement. En Amérique, tout aussi bien qu'ailleurs, on sait apprécier ce qui est beau, et si quelques compagnies se sont tout récemment décidées à monter des pièces inférieures, c'est tout simplement parce qu'elles ne pouvaient s'en procurer des bonnes.

UNE ŒUVRE DE DURÉE

M. JOSEPH ARON

[illegible]

FRANÇOIS MONS.

THE
DRAMATIC REVIEW

VOL. I. NEW YORK, JUNE, 1886. No. 5.

EMILE ZOLA.

A FANATIC in the cause of truth, M. Zola demands a [illegible] art, "*[illegible] plus de [illegible] d'aucun genre.*"

Why such vast echoes and so little voice? says he with Goethe.

According to the author of "L'Œuvre," which is as beautiful an æsthetic study as Victor Hugo's "William Shakespeare," the artist has us in a kind of spiritual care; it is his mission and duty to guide the masses, but more as a subduer than a tamer; forcibly, as a despotic master, an intellectual king, a legislative healer. Giving himself up entirely, heart and soul, body and strength, productive of his own resources—as the spider spins his web—M. Zola, enamored of life and living it publicly, recompensing liberty with intelligence, considers that art as a labor, conceived outside of and above all conventionality, without artifice and without the false balance arising from concessions, without any other system than the study of what actually is, should give us the sensation of that which we see, and should be; in a word, "*un coin de la création vu à travers un tempérament*"; that is to say, through the medium of a personality, positive and sincere, a dazzling reflection of nature herself. And M. Zola is one of the most curious results of the liberty of art.

Rejecting antique methods of procedure and superannuated rules, not bending to the yoke of such and such arbitrary formula of I know not what beautiful ideal, mathematical analyst of light, refusing to copy the old masters, careless about dead Schools, banishing all classic recollection to return once more to the Primitive, looking everything straight in the face, and knowing how to express himself without embarrassment, M. Zola, gifted with a patient will for research, has registered his epoch, penetrating and expounding the character of modern manners and modern beings, not *inventing* imaginary heroes, but *setting up* real men before us.

With a skill always subservient to the constant thought of unity and strength, always speaking the same language of simplicity and truth, M. Zola has evolved from these things a new Unknown, and has given us a personal translation of nature, adding a page the more to life, in a work which is a feat in itself; in a work which contains him entirely and completely, and him only.

He has been as a new blossom in the ever continuous and never interrupted succession of bloom in the flower garden of French genius. Coming after the Balzacs, Stendhals, Veuillots, Flauberts, Goncourts, Champfleurys, d'Aurevillys, and the Vallès, contemporaneous with the Daudets, the Guy de Maupassants, and a perfect pleiades of young men, amongst whom Robert Caze, who had already done much good work, and promised more, has just perished so miserably from the sword of a person unknown.

"The comrades were all there; at each stride he heard them follow him. To the left, to the right, ahead of him he fancied he could recognize others of them, beneath the corn, the quickset hedges, and the young trees. Now, in the middle of the heavens, the April sun shone radiant in his glory, shedding warmth upon the pregnant earth. Life gushed forth from its fostering bosom, the buds were bursting into green leaves, the fields quivered with their vegetable growth.

Everywhere the grain was swelling, stretching forth, penetrating the soil, worked up by a need of heat and light. An inundation of sap trickled on with whispering voices, and the rustle of germination expanded into an universal kiss. Again, and yet again, more and still more distinctly, as if they had reached near to the surface, the comrades continued their work. Under the blazing solar rays, in this morning time of youth, with this murmur was it that the country was in travail. Men were coming forth, a black and vengeful army, slowly swelling in the furrow, growing for the harvests of a future century, and soon their germination will resound throughout the earth."

Thus finishes *Germinal*, terrible masterpiece of analytical thought, of a philosopher, or, to use a better expression the ringing prophesy of a poet—for M. Zola *is* a poet, and a great one, too, though he does not lay claim to be—thus terminates this book which treats so nobly of positive facts, and whose last page, mighty and superb, might apply equally to the dark generations of hidden toilers pleading for air and for their "daily bread," or to those faithful writers who are ceaselessly demanding justice for these miserable beings, combating oppression of every description, and straining every nerve to gain the liberty of the future. Rude assault, begun over a hundred years ago, and which seems to be approaching that critical climax where the victory will be gained by humanity against all the Bastilles, despotism, and the feudalism of capital.

One figure, drawn by a trenchant graver, etched with a masterly touch, which dominates in this vindicatory brief, this investigation conducted in a curious, learned indifference, this socialistic romance named *Germinal*, is that of Souvarine, the Russian Nihilist, who, a cold fanatic, sober and chaste, disdains to complain, drinks only when he eats, and lives alone and wifeless, so as not to admit a possible cowardice into his bosom. Master of himself he considers himself master of others, and goes about dreaming of a second creation, to be arrived at by total annihilation, which is to make way for a new birth, hoping to do better than God has done. "*Table rase*" is the motto of this modern Hercules, who proposes to clear away Augean society, and constitute it afresh upon a more just basis, cleansing the earth with blood, purifying it with fire, so that hunger re-

(*Continued on page 3.*)

THE
DRAMATIC REVIEW

VOL. I. NEW YORK, MARCH, 1886. No. 2.

VICTORIEN SARDOU

MONSIEUR SARDOU SUR LA QUESTION DU "COPYRIGHT"

SES VUES CONCERNANT LES DROITS DES AUTEURS FRANÇAIS EN AMÉRIQUE—SES ŒUVRES EN AMÉRIQUE—"THÉODORA" EN ANGLAIS—ARRANGEMENTS CONCLUS AVEC LA "FRANCO-AMERICAN AGENCY"—RASSURÉ QUANT À L'AVENIR.

[illegible]

Bureau du "HERALD,"
No 49, Avenue de l'Opéra, Paris, 13 Février, 1886.

Un journal de Paris annonçait tout dernièrement que M. Victorien Sardou avait confié le manuscrit de "Théodora" à la "FRANCO-AMERICAN AGENCY" de New-York, pour production de cette pièce en anglais aux États-Unis et au Canada. Ce rapport était contredit peu de temps après, et les raisons données pour cette contradiction étaient que M. Sardou refusait de permettre les représentations de "Théodora," en anglais, afin de ne pas s'exposer à être volé (*robbed*) de ses droits d'auteur. Je saisis cette occasion pour connaître l'opinion de l'illustre académicien et Président de la Société des Auteurs Dramatiques sur la question du "*Copyright*."

DANS LA MAISON DE L'AUTEUR.

Sachant que M. Sardou était très matinal, je me présentais à sa demeure près du Parc Monceau dès 9 heures du matin. Je fus immédiatement introduit dans une magnifique salle de réception de forme octogone, richement tendue de tapisseries des Gobelins. Cette pièce ouvre sur un autre salon non moins riche, et fournie d'objets d'art arrangés avec un goût exquis. M. Sardou fit bientôt son entrée, et me conduisit avec un charmant sourire sur les lèvres, et d'un pas alerte et léger, dans son cabinet de travail. Quelques moments après, je me trouvais assis en face de l'auteur de "Patrie," discutant "Théodora," copyright, "Georgette," Amérique, France, le théâtre, et le drame en général.

RESSEMBLANCE ENTRE SARDOU ET VOLTAIRE.

Comme Dumas père, M. Sardou a en horreur les cols et les manchettes empesés, quand il écrit. Aujourd'hui je le trouvai vêtu de son costume de travail. Son cou était entouré d'un grand foulard blanc, qu'il portait avec une grâce orientale. Sa robe était large et flottante, et sa tête coiffée d'une calotte en velours noir. J'ai été immédiatement frappé de la ressemblance qui existe entre M. Sardou et la statue de Voltaire à la Comédie française. Voltaire et Sardou ont les mêmes lignes faciales, dénotant un sarcasme intense, la même intelligence dans le profil, la pose penchée de la tête absolument semblable, et les doigts ont la même tournure nerveuse.

THEODORA EN AMÉRIQUE.

[illegible]

... des compagnies dramatiques capables de les jouer. Elle prendra des "copyright" en son nom, en confiance, pour les auteurs français. Elle nous donnera 50 % net de ce que les pièces rapporteront à l'agence. Pour les pièces qui ont déjà eu un grand succès en France, ils feront des arrangements spéciaux par lesquels l'auteur devra recevoir une part des bénéfices. Je crois que c'est ce qu'ils feront pour "Théodora." Je sais que les bénéfices sur des pièces semblables sont très élevés. En tout cas je suis heureux d'essayer le nouveau système de la "Franco-American Agency."

QUI JOUERA LE RÔLE DE "THÉODORA."

CORRESPONDANT : Quelle est l'actrice américaine qui jouera le rôle si difficile de Théodora?

M. SARDOU : Ah! cette question n'est pas encore décidée. Cette artiste devra être une femme séduisante et pleine de charmes. Madame Modjeska, peut-être ; ainon . . . une autre . . . on la trouvera.

CORRESPONDANT : J'ai entendu parler d'une reprise de "Patrie."

M. SARDOU : Ceci est du nouveau pour moi ; mais si réellement l'on reprend "Patrie" à New-York, j'espère que cette fois la production sera meilleure que la première il y a vingt ans. Ce fut alors une misérable représentation. La traduction était mauvaise. La mise en scène et les effets scéniques très dessous (*very poor*). Je dédiai "Patrie," entre parenthèses, à un de vos compatriotes, M. J. Lothrop Motley, qui est bien le plus charmant homme que j'ai jamais connu.

SIMPLEMENT UN VOL.

CORRESPONDANT : Serait-il indiscret de vous demander combien vous avez reçu d'Amérique pour vos droits d'auteur de "Patrie"?

M. SARDOU : Moins de 800 dollars en tout et pour tout. Par le fait, mes pièces produites en Amérique avant 1880 (je parle de toutes, sans exception) ne m'ont jamais rien rapporté.

CORRESPONDANT : C'est tout simplement un vol!

M. SARDOU : Appelez-le vol si vous voulez! J'ai été pourtant très heureux d'apprendre par les dépêches du *Herald*, datées de Washington, qu'il y a quelque espoir que le Congrès passe une loi qui nous protégera, et qui donnera aux auteurs français en Amérique les mêmes droits qu'aux auteurs américains. Ce serait certainement un grand pas de fait, et cette mesure serait en tout digne du grand peuple américain. J'ai aussi remarqué que vos tribunaux ont maintenant une tendance à nous protéger, et j'ai été spécialement encouragé par la décision rendue en faveur de Madame Agnès Ethel contre Madame Janish dans le cas d'"Andrea." Comme la pièce est de moi, j'ai suivi les débats avec beaucoup d'attention, et je suis d'opinion que le jugement de la Cour est très juste. On a bien jugé en jugeant de la sorte. Cela nous rassure pour l'avenir.

(Voir page 11 du Mémoire.)

THE

DRAMATIC REVIEW

Vol. I — NEW YORK, NOVEMBER, 1886 — No. 10

HENRI ROCHEFORT

It is a great satisfaction to be able to speak in terms at once impartial and sincere of the different phases of French literature irrespective of the political opinions current at the time. This satisfaction is rarely experienced in France; for there it is not always easy in the midst of party struggles, fierce hatreds and animosities, called into being by passion, for a person, to express his opinions, and in journals which belong to one or another party.

Nationality always draws closer the ties which bind the distant ones to their compatriots. The most pronounced differences blend and become confounded under the folds of the same flag. It is possible, therefore, for a journalist to write, as I now do, in the same sheet at intervals of a month, the praises which are due a Bonapartist writer and then those, not less sincerely felt, which I now write, of the political essayist and socialist whose name is Henri Rochefort.

Henri Rochefort was already well known in 1866, when the writer first embarked for the first time in Paris. He was very conspicuous among that galaxy which were enlightening the people by attacking the Empire and the government. From the first, however, his fame eclipsed that of all those who fought by his side. His pen trenchant as a surgical instrument, more burning than heated iron and more caustic than corrosive acid, was to gain him an enviable place—a place apart. His wit was the means of rendering him popular; his talents, of rendering him influential. For more than twenty years he has been both popular and influential; and never, not from the first, has either his popularity or his influence, of which he made a conquest, suffered the slightest diminution. In appearance as youthful as of old, he is as active, aggressive and spiritual as he was twenty years ago.

It is only briefly that I shall sketch his literary and political career.

Every one knows that Henri Rochefort is called, with truth, the Marquis of Rochefort-Luçay. He is a son of the marquis of that name, who was during his life one of the most fruitful of the French dramatic authors. The son distinguished himself at the Saint-Louis. In spite of his taste for letters he was forced by the condition of his fortunes to enter as employé in the Hotel de Ville (City Hall) of Paris. He employed the time not occupied with his menial duties, in writing novels, in collaborating with other authors, and in trying his hand at journalism. From that time on he was known to be connected with a large number of periodicals. But it was not in reality until 1866 that he made himself remarked, by his brilliant reviews in *le Soleil* and in *le Figaro*.

Henri Rochefort was the first of the French journalists to derive a princely income from his articles. He made at this time, from his pen alone, an immense fortune.

His articles, however, galled the Imperial government, which proceeded against the *Figaro* and enacted that this celebrated journal should be conducted without the support of its formidable contributor. This was an unfortunate move on the part of the Empire; for Rochefort profiting by the new statute concerning the press founded by himself *la Lanterne*, the celebrated journal which was to make him famous in a few months.

Many persons have said that *la Lanterne* killed the Empire. Personally we are of the same opinion. *La Lanterne* struck a fatal blow at Napoleon III. by completely destroying his prestige.

In vain did the government force Rochefort into exile; he came back as a député. In vain did it expel him from the legislative body; in vain was he put in prison; for so surely had *la Lanterne* done its work that when Napoleon III. was defeated at Sedan, he was of so little consequence in France that the Prussians did not deign to treat with him—and the war continued as if he had never been the leader of the people.

The revolution of September 4th, 1870, found Rochefort in prison. It put him at liberty and made him member of the government for the national defense. He retained this position but two months, owing to the great Communist movement (of which he did not disapprove) which broke out October 31st against the government. During the armistice Rochefort was sent from Paris as député to the National Assembly at Bordeaux. He sent in his resignation, however, that he might be in Paris during the Commune.

Although a believer in the Commune, he disapproved of many of its acts, and was ordered under arrest by the insurrectionary government. He fled towards Belgium but was arrested on the frontier by the government of Versailles. The position he held between the cross fires of the two governments was not very agreeable. Condemned to exile in New Caledonia, he escaped with other political suspects and returned to Europe through Australia, San Francisco and New York. We next hear of him in Geneva, whither he has withdrawn, where he fights several duels, publishes several journals, and continues a new *Lanterne*. He returned to France under the general amnistice. Thereupon he founded the journal known as *l'Intransigeant*, wherein he carried on during the life of Gambetta violent tirades against this illustrious leader.

Different from all those of whom we have, up to the present, published biographies, Rochefort has made many enemies. Recently it has become manifest that he has enemies outside of France. What none can take away from this celebrated journalist is the fact of his talent, his courage and his wit. Parisian in heart, a skilled connoisseur and buyer of antiquities, pictures and curiosities, it is in this kind of work that he employs the time not given up to politics and journalism.—*Continued on page 7.*

HENRI ROCHEFORT

Traité de cession de l' « Irlandaise ».

Entre les soussignés : M. Henri Rochefort, demeurant à Paris, 57, boulevard de Rochechouart, d'une part,

Et la *Franco-American Agency for Dramatic literature (Limited)* de New-York, sise à Paris, 28, rue de la Victoire, d'autre part,

Il a été convenu ce qui suit :

ARTICLE PREMIER. — M. Henri Rochefort concède exclusivement à la *Franco-American Agency for Dramatic literature (Limited)*, qui l'accepte, le droit de représenter dans toutes les langues, sur tous les théâtres des États-Unis, d'Amérique et du Canada, la pièce, en quatre actes, intitulée l'*Irlandaise*, dont il est l'auteur ; et il s'engage, dans ce but, à remettre immédiatement un manuscrit dudit ouvrage à la *Franco-American Agency for Dramatic literature (Limited)*.

ART. 2. — M. Henri Rochefort s'engage, en outre, à ne pas faire imprimer et à ne pas autoriser l'impression de l'ouvrage qui fait l'objet du présent traité, soit en France, soit à l'étranger, pendant une période de trois années à partir de ce jour.

ART. 3. — La *Franco-American Agency for Dramatic literature (Limited)* s'engage, de son côté, à verser entre les mains de M. Henri Rochefort *cinquante pour cent* de tous les droits, primes et autres parts d'auteur généralement quelconques, qu'elle recevra par suite des représentations dudit ouvrage aux États-Unis et au Canada. Ces versements seront effectués chaque mois.

ART. 4. — La *Franco-American Agency for Dramatic literature (Limited)* s'engage à communiquer à M. Henri Rochefort tous les traités ou conventions, relatifs à la pièce en question, qu'elle fera avec les théâtres des États-Unis d'Amérique et du Canada.

ART. 5. — Tous frais de traduction, dépôt, frais judiciaires ou autres seront à la charge de la *Franco-American Agency for Dramatic literature (Limited)*.

Fait à Paris, en double et de bonne foi, le vingt et un mai mil huit cent quatre-vingt-six.

Approuvé l'écriture ci-dessus,
H. ROCHEFORT.

*P*r *Franco-American Agency for Dramatic literature (Limited)*,
François MONS.

P. S. — Il est entendu entre les parties contractantes que bien que ce contrat soit fait au nom de M. Henri Rochefort seul, la moitié de ce que rapportera l'*Irlandaise*, en Amérique, reviendra de plein droit à M. W. Busnach, collaborateur anonyme de l'ouvrage.

H. ROCHEFORT.

APPENDICE I

Paris, 26 août 1896.

A Monsieur l'Avocat général de la Chambre criminelle de la Cour de cassation.

Monsieur l'Avocat général,

M. l'Avocat général Puech a bien voulu, au cours de l'audience du 20 courant, me permettre de communiquer au Parquet de la Chambre criminelle tout ce qui semblerait propre à vous éclairer. Je lui suis très reconnaissant de cette haute marque de justice et de bienveillance; elle me permet, à la fin de ma carrière, après trente-cinq ans de travail, de soumettre aux plus éminents magistrats de France quelques détails sur ma personne et sur ma vie. Ces détails vous expliqueront mieux que toute autre chose comment il se fait que j'ai connu M. de Kératry et que je suis aujourd'hui devant vous (1).

Après les paroles et les conseils si décourageants de mon avocat, en première instance et en appel, je n'aurais jamais osé espérer, ni même rêver la gracieuse permission qui m'est accordée. Déjà les paroles si bienveillantes de M. le Président Loew avaient donné un éclatant démenti aux allégations de mon dit avocat, qui, vous le verrez, m'avait affirmé constamment que je n'avais pas le droit de remettre directement un Mémoire à la Cour de cassation; mais l'accueil personnel de M. Puech a tellement dépassé mes espérances, que je me permets de vous adresser d'autres documents : plus peut-être que je ne devrais le faire; j'entrerai aussi dans des détails qu'un avocat délaisserait peut-être. Vous voudrez bien, Monsieur l'Avocat général, être assez bon pour m'excuser et pour ne considérer comme officiel que ce que vous voudrez bien, que ce que vous jugerez vous-même utile et satisfaisant.

Quelquefois, connaître un homme en son entier, c'est voir un procès sous un tout autre jour, c'est, en tous cas, en avoir l'explication.

Retiré des affaires, après trente années passées aux États-Unis, j'allais rentrer définitivement en France pour me reposer et ne m'occuper que de ma famille, quand deux faits me rejetèrent malgré moi, d'une façon inattendue, dans la lutte et l'activité.

D'abord, la mort du général Grant, ex-président des États-Unis. La nation américaine décida de lui élever un monument. Le maire de New-York me nomma membre du Comité chargé de mener l'œuvre à bien. L'honneur était grand pour moi, mais je le déclinai par une lettre courte et simple, disant que Grant avait été trop l'ennemi de la France, en 1870-71, pour qu'un Français pût songer à l'honorer. J'ai beau, Monsieur l'Avocat général, comme vous le savez déjà, être naturalisé Américain, je suis toujours resté Français de cœur.

Ma lettre fut ardemment discutée et attaquée par des journaux américains et allemands, et je dus riposter par la publication d'un volume bourré de documents : *Les deux Républiques sœurs*.

Pendant la préparation de mon volume, le chancelier du Consulat général de France à New-York me présenta au Français nommé M. François Mons, qui cherchait à fonder une agence pour protéger les droits des auteurs français en Amérique, où ils étaient absolument méconnus. Je ne connaissais de M. Mons que son titre de membre fondateur de la Société des Auteurs dramatiques, dont M. Victorien Sardou était et est encore le président. M. Mons n'avait pas d'argent; je vis le côté patriotique de l'entreprise, et je fondai, pour la mener à bien, une Société par actions au capital de 300.000 francs, dont je souscrivis la moitié. J'ai perdu là mon argent, grâce à la conduite des deux hommes que je viens de citer, M. Sardou et M. Mons.

Vous pourrez lire, dans un des documents que j'ai l'honneur de vous envoyer, que M. de Kératry me dit : « Ces canailles de Mons et de Sardou... »

---

1. Comme ce M. de Kératry a été le premier à annoncer le jugement rendu par défaut contre moi, en faveur de Ménard, et ceci peu de jours après, devant la Cour d'Orléans, en décembre 1896, on comprendra l'utilité des Appendices I et II.

Cette opinion de M. de Kératry sur ces Messieurs, qui ont peut-être la même sur lui, n'est pas tout à fait injustifiée. Trahi par M. Mons, trompé par M. Sardou, qui avait signé avec moi un traité pour six pièces et qui ne l'a pas exécuté, j'ai eu beaucoup à souffrir et à me plaindre... A ce point que, en 1888, attaqué moi-même jusque dans mon honneur, j'ai cru devoir insister auprès de la Société des Auteurs dramatiques pour obtenir d'elle une audience solennelle. Grâce à un Mémoire que j'avais communiqué à la Commission de cette Société, cette audience me fut accordée pour le 21 décembre 1888.

Il n'existe qu'un seul exemplaire de ce Mémoire. Permettez-moi, Monsieur l'Avocat général, de vous le faire remettre. Sa lecture, si vous daignez la faire, vous éclairera entièrement sur cette affaire. C'est ce **Mémoire** auquel M. de Kératry fait allusion dans sa lettre du 8 janvier 1890 (1).

A la suite de cette audience, qui ne dura pas moins de deux heures et demie, et après les discours de MM. Camille Doucet, Victorien Sardou, Ludovic Halévy et de votre serviteur, je reçus le témoignage officiel de patriotisme et de désintéressement que j'étais allé réclamer, et dont le fac-similé se trouve dans ma lettre à M. Bidault de l'Isle, incriminée.

Mais après cette légitime satisfaction qui venait de m'être donnée et qui me suffisait amplement, j'eus de bien plus graves motifs de plainte. M. Sardou alla jusqu'à faire vendre par M. Mons lui-même (!) les pièces qu'il m'avait cédées par contrat! Vous en trouverez la preuve dans le document que je dus faire imprimer au sujet d'une **entrevue** du *New-York Herald* avec M. Victorien Sardou.

La Commission avait bien exécuté M. Mons dans une circulaire publique, bien que je me fusse refusé à cette exécution, mais la même Commission s'empressa de réélire M. Sardou pour son président. Et M. Sardou, président, s'empressa de faire faire ses affaires par M. Mons, qu'il avait exécuté...

Tout cela n'est pas bien moral, ni bien explicable, n'est-ce pas? — C'est ainsi cependant. Et c'est pour cela que je dus écrire à la Commission des auteurs mes deux lettres du 4 mai et du 20 juin 1889, dont je vous remets aussi copie.

Peut-être, en tout cela, M. Mons est-il moins condamnable que M. Sardou, car il est pauvre. Je crois que M. Sardou l'a mal guidé. En tous cas, lui, du moins, a su reconnaître ses torts envers moi, publiquement même, en écrivant le 30 janvier dernier à la Commission des Auteurs. Malgré sa mauvaise réputation, je crois qu'il vaut un peu mieux qu'elle. Quoi qu'il en soit, je l'ai très souvent aidé dans sa détresse, et tout récemment encore.

J'avais besoin, Monsieur l'Avocat général, de vous dire toute cette affaire, parce que c'est à cause d'elle que M. de Kératry, la connaissant, a pensé à moi pour l'aider à en faire une semblable. J'ai eu la faiblesse de l'écouter, croyant toujours servir les intérêts français à l'étranger en l'aidant de mon argent dans ses projets, tandis que M. Sardou, lui, leur était hostile, comme vous pouvez le voir dans la lettre de M. de Kératry à M. Casimir-Périer, — laquelle est reproduite dans mon **deuxième Mémoire pour M. le Président de la Chambre criminelle de la Cour de Cassation.**

J'ai l'honneur, pour terminer, Monsieur l'Avocat général, de vous prier de jeter les yeux sur le compte rendu de mes relations avec Me Leven, avocat à la Cour d'Appel. Ce compte rendu m'a été adressé par mon secrétaire, M. Arthur Kahn. Ce M. Kahn est le seul employé dévoué et fidèle que j'ai eu; il est, du reste, digne de toutes les sympathies. C'est lui qui, greffier au Dépôt en 1871, fit tout son possible pour sauver de la mort votre à jamais regretté collègue à la Cour de Cassation, M. le Président Bonjean. C'est lui-même que je charge de vous remettre cette lettre, avec les documents qui l'accompagnent :

1° Mémoire à la Société des Auteurs dramatiques;
2° Correspondance au sujet de l'entrevue du *New-York Herald* avec M. Sardou;
3° Deux lettres, des 4 mai et 20 juin 1889, au président des Auteurs dramatiques;
4° Compte rendu de M. Arthur Kahn (à propos de Me Leven, avocat);
5° Compte rendu sténographique de mon premier procès Kératry.

Et maintenant, Monsieur l'Avocat général, quel que soit le sort de mon pourvoi contre M. de Kératry, j'aurai la consolation de savoir que je me suis fait connaître de vous et la haute satisfaction de me dire que j'ai enfin raconté l'origine de tous mes ennuis et de tous mes malheurs aux plus grands et plus éclairés magistrats de France.

Daignez, Monsieur l'Avocat général, agréer les hommages sincères de votre respectueux serviteur.

Joseph ARON, 59, rue de Maubeuge.

---

1. Ce mémoire, Monsieur le Président, que m'a rendu M. l'Avocat général de la Cour de cassation, je vous l'envoie.

APPENDICE II

Rapport d'Arthur Kahn, mon secrétaire, envoyé à Mᵉ Melcot, avocat général à la Cour de Cassation, et au Parquet d'Orléans.

Paris, le 21 août 1896.

Monsieur Aron,

M. l'Avocat général vous ayant permis de lui envoyer tels documents additionnels propres à l'éclairer sur votre affaire à la Cour de Cassation, vous me demandez, puisque vous m'aviez déjà chargé de toutes les démarches auprès de Mᵉ Leven pendant votre longue indisposition, de vous faire l'historique aussi exact qu'impartial de tout ce qui s'est passé depuis le début.

Je suis allé voir de votre part Mᵉ Leven, lorsque M. de Kératry vous a de nouveau assigné en police correctionnelle, mais cette nouvelle fois pour 100.000 francs de dommages-intérêts : 50.000 francs pour votre lettre au président Bidault de l'Isle, et 50.000 francs pour votre lettre au Président de la République.

Je racontai à Mᵉ Leven, dans tous ses détails, votre première affaire à la 9ᵉ Chambre. Il m'a exprimé sa profonde surprise après la lecture du compte rendu sténographique de l'audience fait par M. Georges Buisson. Il ne pouvait pas comprendre que Mᵉ Masse, qui n'avait reçu votre dossier de l'affaire que la veille et qui avait obtenu du Président la remise à huitaine, eût insisté pour plaider de suite, malgré l'acquiescement de l'adversaire. En outre, disait Mᵉ Leven :

« L'affaire était bien simple ; il fallait demander à faire la preuve devant la Cour d'assises, car M. de Kératry en était justiciable : 1° parce qu'on pouvait prouver qu'il était fonctionnaire public : 2° qu'il avait fait appel au crédit public. »

Ce qui n'empêche pas que, quelques jours après, Mᵉ Masse me rencontrant me dit textuellement :

« J'ai fait pour le mieux ; c'est que, voyez-vous, **c'est un personnage que Kératry !** »

Le 9 janvier 1896, vous eûtes la première entrevue avec Mᵉ Leven. Le lendemain, vous avez commencé à lui donner les détails sur votre affaire. J'extrais de votre copie de lettres, pages 34 et suivantes

« Paris, 10 janvier 1896.

« A Mᵉ Leven, avocat à la Cour d'Appel, 45, rue de Trévise.

« Mon cher Maître,

« Je prends la liberté, après notre première entrevue d'hier, de vous envoyer ci-inclus un chèque de 500 francs comme provision.

« Vous trouverez inclus :

« 1° Copie d'extraits du journal *le Temps* au sujet de l'affaire de Saint-Pétersbourg ;

« 2° Les originaux des lettres de M. de Kératry des 21 et 22 octobre 1889, 5 et 7 janvier 1890. Il me semble que, pour le moment, cela est suffisant pour prouver (en dehors de l'affaire de Russie) que M. de Kératry me doit de l'argent et de quelle manière il l'a obtenu ;

« 3° Copie des pièces que j'ai pu réunir jusqu'à présent sur les affaires de Russie, avec la photographie d'une partie des documents qui m'ont amené à écrire à M. le Président de la République française, dans mon numéro de *l'Or et l'Argent* du 31 décembre 1895, ce qui suit :

«... J'ai l'honneur, Monsieur le Président, d'appeler votre haute attention sur un tel cas, et de vous « prier de vouloir bien le soumettre à M. le Garde des Sceaux, etc., etc... »

« Quand j'aurai réuni tout mon dossier (statuts de sociétés fondées par de Kératry, fausses affirmations du même, etc., etc...), vous verrez, mon cher Maître, ce que j'ai fait pour les intérêts français, et si je méritais, à l'âge de près de soixante ans, d'être insulté aussi grossièrement que je l'ai été, le 20 novembre 1895, par l'individu, au sujet duquel le Président de la Société des Gens de lettres, M. Émile Zola, a publié dans *le Temps* du 28 décembre 1893 : «... L'incident est clos ; quoi que puisse dire et « quoi que fasse désormais M. de Kératry, **je n'y répondrai pas !** »

« Cette attestation de M. Émile Zola prouve la fausseté de ce que M. de Kératry m'a écrit de Russie ; la fraude est tellement évidente que je m'étonnerais fort si, à la vue de ce dossier dont je vous donnerai tous les originaux, s'ils vous sont nécessaires, le Tribunal qui est composé d'honnêtes gens, ne voit pas, par la lecture de ces documents, que je suis un honnête homme et que M. le comte de Kératry ne l'est pas.

« C'est à bâtons rompus que je vous écris cette première lettre. Je tâcherai de préparer mon dossier de telle sorte qu'il vous sera facile de présenter ma défense.

« Veuillez agréer, mon cher Maître, mes salutations les plus respectueuses.

« Joseph ARON. »

Je remis moi-même cette lettre à Me Leven. Votre pensée était, lui dis-je, de plaider l'incompétence du tribunal correctionnel :

« Attendu que M. de Kératry avait véritablement fait appel au crédit public pour ses diverses sociétés : Deux sociétés formées par devant notaire ; l'argent qu'il a emprunté au Cercle de la rue Taitbout sur les actions de sa société de la rue Caumartin, ses contrats avec Glanzer, et, enfin, ses déclarations officielles dans son discours devant le Cercle de la Librairie. »

Tout cela constituait des preuves convaincantes que M. de Kératry avait véritablement fait appel au crédit public.

Mais Me Leven, considérant que la qualité de fonctionnaire était bien établie, me déclara que c'est sur ce point qu'il plaiderait et qu'il s'appuierait, pour demander l'incompétence du tribunal correctionnel. Il lut attentivement les documents inclus dans cette première lettre.

« — Oh ! dit-il, n'importe comment nous irons en Cassation. Ces documents imprimés dans un Mémoire prouveront surabondamment le caractère officiel de Kératry. »

« Dites à M. Aron de ne plus rien imprimer sur de Kératry dans *l'Or et l'Argent.* »

Je vous fis part du désir de Me Leven et vous m'envoyâtes à Montrouge, à l'imprimerie, pour retirer tout ce qui concernait de Kératry.

Vous le fîtes à regret. Voici votre deuxième lettre à Me Leven :

« Paris, 11 janvier 1896.

« A Me Leven, avocat à la Cour d'Appel, 45, rue de Trévise.

« Cher Maître,

« J'ai l'honneur de vous confirmer ma lettre no 1, du 10 courant, et vous remets inclus l'original d'une lettre de M. le comte de Kératry, datée du 20 septembre 1895.

« Sans vouloir, aujourd'hui, entrer dans des détails au sujet de la correspondance mentionnée dans cette lettre par M. de Kératry, concernant la demande de la croix de chevalier de la Légion d'honneur, je déclare que je suis prêt à verser 1.000 francs à la Caisse de secours des Employés de la Police (dont M. de Kératry a été le chef), si trois officiers, choisis par le sort dans n'importe quel régiment où M. de Kératry a servi, ne déclarent pas que sa conduite, dans cette affaire, était indigne d'un ancien soldat et d'un légionnaire.

« Mais le point principal, et sur lequel j'insiste, c'est que M. de Kératry a fait appel au crédit public, et sa lettre du 20 septembre 1895 (à défaut d'autres preuves que je donnerai encore), le prouve surabondamment. En effet, vous pouvez y lire les phrases suivantes :

« Lorsque la Société du *Copyright!* destinée à faire valoir les droits des auteurs français aux États-« Unis, à la suite du bill favorable, a été formée par moi à Paris au capital de 250.000 francs, représenté

« par 250 parts libérées de 1.000 francs chacune, vous avez été avisé par lettre chargée qu'en échange « de vos avances, inscrites au Grand Livre de la Société (folio 26), il vous avait été fait une copieuse « attribution de parts statutairement (folio 28), avec invitation de venir retirer lesdites parts.

« Il est vrai que vous ne les avez pas **retirées** et qu'elles sont restées **à** la souche, résolu sans doute « que vous étiez à demeurer sur le terrain du parfait désintéressement. Toujours est-il que, de mon « côté, j'avais tenu et réussi à vous faire participer largement, par cette attribution toute gracieuse, « aux bénéfices éventuels.

« Depuis lors, ladite Société, trompée **par le manque de bonne foi du Syndicat des Éditeurs de** « **Musique**, attaqués, en notre nom, par l'agréé M. Max Girard devant le Tribunal de Commerce de la « Seine, a dû liquider à l'amiable, ne me laissant que des pertes sèches de temps et d'argent, mais ne « laissant derrière elle **pas un seul créancier**. Ceci encore se passait avant ma lettre adressée en votre « faveur à M. Casimir-Périer. »

« M. de Kératry, qui, d'après le dictionnaire Larousse, avait proposé de **modifier la loi sur la diffamation en autorisant la preuve dès l'instant où il s'agirait d'intérêts publics et commerciaux**, ne verra sans doute aucune objection à me permettre de faire la preuve des faits signalés. Son honneur et celui de ses deux fils — tour à tour ses messagers lorsqu'il s'agissait de me demander de l'argent — sont en jeu.

« Je suis fermement décidé, si le Tribunal de la 9e Chambre ne nous permet pas de faire la preuve, à **demander appel sur ce point.**

« Cher Maître, c'est au lit que je dicte cette lettre à mon secrétaire, et vous voudrez bien en excuser le décousu. Dès que je serai rétabli, j'irai vous voir. Mon docteur, qui était chez moi hier, m'a beaucoup grondé et m'a imposé un repos absolu. Je passe outre, puisque je veux vous donner autant de documents que possible avant mercredi prochain.

« Je commence maintenant l'historique de mes rapports avec les auteurs français, et, en particulier, avec M. le comte de Kératry.

« Il est nécessaire, pour contredire les affirmations de Me Decori qui a cherché à mélanger la lettre que j'ai reçue de M. Camille Doucet, du 24 décembre 1888, avec la prétendue lettre de M. Émile Zola, du 30 avril 1891 (voir plaidoirie de Me Decori aux quatre dernières lignes de la page 5), que je vous remette le Mémoire imprimé, de décembre 1888, adressé à M. le Président de la Société des Auteurs et Compositeurs français, ainsi qu'à MM. les Membres de la Commission de cette Société, 8, rue Hippolyte-Lebas, à Paris.

« J'ajouterai que la lettre de M. Camille Doucet est la seule récompense que j'ai eue pour avoir été le premier, aux Etats-Unis, à prendre en mains, d'une manière efficace, la protection des auteurs français, et pour une perte sèche de plus de 70.000 francs, causée par la mauvaise foi d'un président de la Société des Auteurs et Compositeurs dramatiques.

« Le Mémoire s'explique de lui-même ; c'est celui mentionné par M. le comte de Kératry dans sa lettre du 7 janvier 1890.

« Quant aux autres documents qu'il mentionne dans la même lettre, c'est-à-dire les lettres de Sardou, vous les trouverez à la première page de ce Mémoire. Plus tard, je reviendrai sur ce sujet, puisque Me Decori a jugé bon de défendre à la fois de Kératry, Sardou et Waldeck-Rousseau.

« J'arrive maintenant à la naissance de mes relations avec M. de Kératry. Le 17 avril 1889, vint chez moi un monsieur ayant un grand portefeuille sous le bras et m'apportant une carte d'introduction de M. Paul Kahn, né, comme moi, à Phalsbourg. M. de Kératry explique tellement bien, dans sa lettre du 7 janvier 1890 (qui était jointe à ma lettre du 10 courant), ce qui s'est passé, qu'il ne me reste qu'à mentionner un simple fait additionnel : M. de Kératry avait dans ledit portefeuille 10.000 francs en obligations — ou actions — du Cercle de l'Escrime ; il m'offrit **la moitié** de tous ses intérêts dans les contrats qu'il prétendait avoir avec les auteurs, moyennant une avance de 10.000 francs espèces, qui **me serait garantie** par les obligations — ou actions — dudit Cercle. Donc, **sans aucun risque**, j'aurais pu obtenir la moitié de tout l'intérêt qu'avait M. de Kératry dans les contrats avec les nombreuses Sociétés qu'il mentionnait.

« Sa lettre explique comment et pourquoi je refusai.

« Le reçu du 17 avril 1889 montre que, malgré que j'avais offert les 1.000 francs à titre gracieux et comme concours, M. de Kératry insista pour m'en donner un reçu.

« M. de Kératry revint en France quelques mois après.

(1) Voir fac-simile de la lettre du Comte de Kératry, du 7 Janvier 1890, p.45, du mémoire à M. le Garde des Sceaux, 15 Janvier 1897.

« Le 3 juillet 1889, il m'écrivit de New-York :

« ..... J'ai réussi au delà de toute espérance... » **C'était faux**, l'avenir l'a prouvé.

« Le 28 septembre suivant, je recevais une lettre dans laquelle il m'envoyait :

« 1° Le projet de Convention qu'il prétendait être certain d'être accepté par l'Amérique ;

« 2° Les statuts d'une Société qu'il avait, disait-il, formée, dans laquelle **beaucoup d'Éditeurs avaient souscrit** et dont M. Bœufvé, chancelier de l'Ambassade à Washington, consentait à en devenir le président.

« Les autres lettres de 1889 démontrent de quelle manière M. de Kératry s'y est pris pour obtenir mon argent. Inutile de m'appesantir là-dessus ; vous pourrez lire ces lettres.

« Finalement, je vous envoie les statuts de la Société mentionnée par M. de Kératry dans sa lettre du 20 septembre 1895, ainsi que deux lettres de M. Montaugé, des 14 et 19 octobre 1891.

« Je ne sais si M. Montaugé, qui a été fait officier d'Académie sur la demande de M. de Kératry, est mentionné dans le Larousse, mais si nous obtenons le droit de faire la preuve, nous aurons sur lui des renseignements très édifiants à la table où se joue le baccarat **au Cercle de la Presse**, dont M. de Kératry **faisait partie** avant d'en avoir été exclu.

« Vous comprendrez que j'aie refusé, avec dédain et mépris, les actions d'une Société dirigée par des rastaquouères de cette trempe.

« Veuillez agréer, etc... « Joseph Aron. »

Le 13 janvier, vous avez expliqué, dans une longue lettre, vos rapports avec M. de Kératry au sujet de l'affaire Panama, etc., etc., je la copiai.

« Paris, 13 janvier 1896.

« A Maître Leven,

« Cher Maître,

« J'ai l'honneur de vous confirmer ma lettre du 11 courant, n° 2.

« **Affaire Panama et de Kératry.** — La lettre du 7 janvier 1890 de M. le comte de Kératry (qui est en votre possession), et celles de 1889, vous auront prouvé de quelle manière il s'y est pris pour m'escroquer 10.000 francs. Je l'avoue sans la moindre hésitation, M. Spuller en est indirectement responsable. En effet, il est un fait connu, à San Francisco et à New-York, que j'étais, moi, un enthousiaste de Gambetta (mon éminent et philanthrope beau-frère, Alexandre Weill, le chef de la maison Lazard frères et le client de M. Waldeck-Rousseau, était, lui, un enthousiaste de Thiers. Les *Archives Israélites*, ainsi que l'*Univers Israélite*, ont publié des colonnes et des colonnes sur la mission qu'avait Alexandre Weil, président et fondateur de la Ligue d'Alsace-Lorraine de San Francisco, d'apporter un album à M. Thiers, de la part des Français de San Francisco. Sur la demande de M. de Lesseps, l'illustre financier fut décoré de la Légion d'honneur par le ministre de l'Intérieur, M. Lepère).

« Je me suis un peu écarté de mon sujet, parce que Me Decori a jugé à propos, dans sa plaidoirie du 20 novembre 1895, de présenter en même temps la défense de M. de Kératry, président du Comité exécutif des obligataires de Panama, et de Waldeck-Rousseau, l'avocat de M. Weill et de ses associés MM. Lazard frères, l'avocat d'Eiffel, j'ajouterai encore l'avocat de Max Lebaudy et, d'après l'*Intransigeant* d'aujourd'hui (daté du 14 janvier 1896) le parrain politique de Poidebard dit de Labruyère, l'ami intime de Mme Séverine, aujourd'hui à Mazas avec Jacques Saint-Cère, lequel, seul dans la presse parisienne, j'ai démasqué depuis longtemps dans mes diverses publications.

« Je disais donc que M. Spuller était indirectement responsable de la confiance que j'avais placée en M. de Kératry. En effet, pendant longtemps, les disciples de Gambetta, et surtout Spuller, me paraissaient former l'élite de la France. J'ai perdu mon illusion sur Waldeck-Rousseau, mais je n'ai aucune raison de suspecter M. Spuller.

« M. de Kératry venant chez moi, en avril 1889, me montrant la lettre autographe de Spuller à Roustan, dans laquelle M. de Kératry passait comme une sorte de représentant, non seulement du Gouvernement français, mais aussi de toutes les Sociétés littéraires de France, écartait de mon esprit la moindre idée de suspicion.

« Vers le mois de mai ou juin 1890, le noble comte de Kératry, après m'avoir envoyé son fils, Pierre de Kératry, auditeur à la Cour des Comptes, chez moi, 151, boulevard Haussmann, est venu lui-même plusieurs fois à mon bureau, et je me rappelle qu'étant absent (je crois avoir été à Enghien), j'ai trouvé, un lundi, une demande pressante du noble Comte pour me voir.

« J'envoyai un mot à M. de Kératry, et il vint chez moi. Voici *grosso modo* la conversation qui eut lieu entre nous :

« M. DE KÉRATRY. — J'ai d'excellentes nouvelles à vous donner. M. de Bœufvé, chancelier depuis trente ans à l'Ambassade de France, à Washington, acceptera la présidence de la Société américaine du Copyright, dès que la loi sera votée. La maison Hachette s'engage à prendre pour 50.000 francs d'actions ; Boussod, Valadon et Cie, qui me confieront leur agence, également 50.000 francs. D'après les renseignements que j'ai, la loi passera sûrement à la session de décembre. Monsieur Aron, les 10.000 francs que je vous dois...

« M. ARON. (Interrompant.) — Mais non, vous ne me devez pas 10.000 francs, Monsieur de Kératry ; vous ne m'en devez que 9.000. Les premiers mille francs que je vous ai remis en avril 1889 ont été donnés à titre gracieux.

« M. DE KÉRATRY. — Ah ! non, par exemple, j'insiste pour que vous receviez les 10.000 francs avec intérêts. Vous comprenez bien que, recevant de la Société 20.000 dollars comptant et 125 parts de 500 dollars chaque, entièrement libérées (voir art. 20, titre IV), je ne veux pas que vous qui, avec ces canailles de Mons, Sardou et autres, avez perdu presque une fortune, je ne veux pas que vous perdiez ces 1.000 francs.

« Voulez-vous me permettre de vous céder ces 20.000 francs d'actions pour les 10.000 francs ? Tenez, voilà le reçu ?

« M. ARON. — Merci, Monsieur le Comte, je ne veux pas d'actions. Du reste, ajoutai-je en riant, avec les 10.000 francs avancés, j'aurais le droit de prétendre à la moitié de ce que vous recevez, si je voulais m'intéresser. Non, je ne veux pas d'actions. Vous me rembourserez sans intérêts. Voilà tout.

« Je ne dis pas, si votre Société à New-York est formée et que je puisse obtenir toutes les actions de la *Franco-American Agency*, que je ne prendrai pas des actions de votre Compagnie pour lui céder tous les droits et contrats de la Société fondée par Mons.

« (M. de Kératry prit alors le papier qu'il m'avait apporté, le déchira et le jeta au feu. Je ne sais pourquoi, mais, à son départ, je vis ce papier, à peine touché par le feu, et le retirai pour le conserver. Vous le trouverez ci-joint.)

« Je continue maintenant la conversation aussi bien que je me la rappelle.

« M. DE KÉRATRY. — Très bien, nous nous arrangerons pour la *Franco-American Agency*. Tout ce que j'ai pu faire jusqu'à présent, je vous le dois. Les Auteurs, le Gouvernement ont agi avec moi de la manière la plus honteuse et, sans vous, je n'aurais pu payer les honoraires de Grinnell. Vous avez été à la peine, Monsieur Aron, et je vous jure, foi de gentilhomme, que vous serez à l'honneur et aussi aux profits.

« Vous pourriez, en ce moment, me rendre un très grand service : Ma femme est malade et mon plus jeune fils aussi. Ayant reçu de Templier la promesse qu'il souscrirait pour 50.000 francs d'actions dans la *Société américaine*, je n'aimerais pas lui demander une avance, qu'il me ferait certainement avec empressement. Voudriez-vous me prêter encore 2.000 francs ? (Le reçu ci-joint de M. le comte de Kératry, à la date de juin 1890, prouve que j'ai accédé à sa demande. D'ailleurs, sa lettre de Saint-Pétersbourg, lorsqu'il me proposa d'ajouter ces 2.000 francs aux 5.000 qu'il me demandait pour l'intérêt qu'il m'offrait en Russie le prouve également.)

« Et ma lettre du 5 janvier 1891 (dont la copie vous a été remise avec ma lettre n° 1) prouve aussi la fraude perpétrée par M. de Kératry pour son affaire de Russie, il n'avait traité ni avec les Sociétés, ni fondé une agence à Saint-Pétersbourg, ni pris un secrétaire. Dans toute cette affaire de Russie, il s'est conduit en vrai rastaquouère. Émile Zola l'a aplati, l'a souffleté moralement, a déclaré que « n'importe ce qu'il dirait et ferait, il n'y répondrait plus », et cependant l'ancien député, l'ancien préfet de police, le commandeur de la Légion d'honneur, l'honnête père de famille qui, d'après Me Decori, n'a jamais mis les pieds dans un Cercle, n'a jamais fait assigner M. Émile Zola en police correctionnelle. Pourquoi ?

« J'arrive maintenant au Panama.

« Après m'avoir affirmé que M. Blaine, secrétaire d'État américain, — que je connaissais personnellement — était animé des sentiments les plus amicaux pour la France, M. de Kératry me raconta une conversation qu'il avait eue avec M. Blaine au sujet du Canal de Panama.

(1) Pour obtenir sans doute quelques voix à l'Académie, par l'influence du noble Comte, l'illustre naturaliste a modifié son opinion sur l'ex-président des Obligataires du Panama et a écrit à son sujet dans le FIGARO des paroles fort élogieuses sur son voyage en Russie.

« Voici le résumé de ce qu'il me dit :

« Plusieurs capitalistes américains étaient venus voir M. Blaine pour l'intéresser dans une Société nouvelle qui désirait acheter en bloc et le Canal de Panama et l'intérêt du Canal dans le Chemin de fer de Panama. Ils demandaient que le Congrès des États-Unis votât 150 millions de dollars, ou plutôt de garantir des intérêts à 3 % sur 150 millions de dollars d'obligations de la Société américaine. Ils offriraient alors la moitié de tous leurs débours aux actionnaires et obligataires français, c'est-à-dire un peu plus de 600.000.000 francs, ainsi qu'un petit intérêt dans la Société américaine. M. Blaine était, paraît-il, en faveur de ce projet, et conseilla à M. de Kératry d'obtenir le privilège d'achat à ce prix.

« — 50 pour 100, lui dis-je! Mais ce serait magnifique, et le liquidateur ne pourrait pas refuser une « offre pareille! Pourquoi, Monsieur de Kératry, n'iriez-vous pas le voir?

« — Je ne le connais pas, et si vous, qui avez habité si longtemps les États-Unis, vous vouliez venir « avec moi et lui demander une audience, je vous serais très reconnaissant.

« — Ma foi, lui répondis-je, c'est une chose si imprévue et tellement avantageuse pour les intéressés, « que je veux bien. »

« Et, en effet, M. Monchicourt m'accorda l'entrevue, et je crois que je l'ai vu d'abord seul, puis avec M. de Kératry; la première fois, notre entrevue fut très longue. M. Monchicourt exprima le regret d'avoir envoyé Napoléon Wyse en Colombie, qu'il ne pouvait absolument rien faire en ce moment.

« Je dois ajouter, pour dire toute la vérité, que M. de Kératry, après le reçu de 2.000 francs, m'avait dit qu'il faudrait probablement l'aide d'une puissante banque pour acheter les quelques actionnaires ou obligataires récalcitrants. Comme il comptait obtenir une commission sur l'opération, il m'offrit la moitié de cette commission et proposa que Lazard frères fussent les banquiers choisis. Je n'y vis aucune objection, quoique je déclare que M. Monchicourt, n'ayant pas accepté, je n'en ai jamais parlé à MM. Lazard frères.

« Dans les papiers de M. Monchicourt doivent se trouver plusieurs lettres, que j'ai du reste publiées. Ces lettres, surtout celle au sujet du Chemin de fer de Panama, étaient préparées par M. de Kératry. Vous en trouverez une au dossier accompagnant la présente, ainsi qu'une carte télégraphique ; il est probable que j'en trouverai d'autres.

« Dans ma prochaine lettre, je vous expliquerai, avec documents à l'appui, comment M. de Kératry, avec le concours du *New-York Herald,* chercha à enlever aux actionnaires de Panama le Chemin de fer de Panama. Du reste, c'est ce que la Société Eiffel et Cie est en train de faire en ce moment.

« Je me borne, pour aujourd'hui, à vous envoyer l'article traduit du *New-York Hérald,* du 12 avril 1893. Vous y trouverez ce que le capitaliste Kératry (capitaliste à la « Jacques Meyer », à la « Arton ») racontait aux Américains au sujet des 50 millions de francs qu'il avait en sa possession, lui et ses amis, et des fameux canons hydrauliques avec lesquels Kératry, devenu ingénieur, enlèverait la montagne de la Culebra.

« Veuillez agréer, etc...

« Joseph ARON. »

Le 14 janvier, vous lui écrivîtes la lettre suivante :

« Paris, 14 janvier 1896.

« A Me Leven, avocat à la Cour d'Appel, 45, rue de Trévise,

« Cher Maître,

« J'ai l'honneur de vous confirmer ma lettre du 13 courant, no 3.

« Aujourd'hui, je ne me sens pas assez bien pour entreprendre l'historique de Panama. Je me borne simplement à vous envoyer avec la présente les originaux suivants :

« 1° Lettre de M. Roustan, ambassadeur, à M. de Kératry, datée de Washington, 20 octobre 1889.

« 2° Lettre de New-York, 22 octobre 1889, contenant la copie, écrite de la main de M. de Kératry, d'un document no 53, daté : Paris, 4 octobre 1889 : lettre de Spuller, ministre des Affaires étrangères, à Roustan, ambassadeur à Washington; et copie d'une lettre datée : 20 octobre 1889 : Légation de France à Blaine, secrétaire d'État, à Washington;

« 3° Lettre Jules Boeufvé, chancelier, à M. de Kératry, du 22 décembre 1890;

« 4° Lettre de M. de Kératry, datée de Saint-Pétersbourg, 21 février 1891, contenant copie d'une dépêche, au sujet du Copyright, de la légation à M. de Kératry.

« 5° Correspondance entre Lazard frères et M. de Kératry, datée 25 et 26 mars 1891 (j'appelle particulièrement votre attention sur la lettre de Lazard frères disant — certes, ceci était une déclaration de M. de Kératry : — « ... Nous avons l'honneur d'introduire auprès de vous M. le comte E. de Kératry, qui avait été chargé par le Gouvernement français et la Société des Gens de lettres d'une mission... » ;

« 6° Écrit du fils de M. de Kératry, mai 1891, demandant la lettre Zola;

« 7° *Revue des Deux-Mondes,* contenant article sur « La propriété littéraire », par de Varigny ;

« 8° *Manuel pratique,* avec **Dédicace** de M. de Kératry à M. Joseph Aron.

« Veuillez agréer, etc...,

« Joseph Aron. »

L'affaire fut appelée devant la 9e chambre, le 18 mars, et Me Leven commença sa plaidoirie. Il ne put l'achever. L'affaire fut remise. Le 24, vous lui envoyâtes la note suivante :

Note pour Me Leven, remise le 24 mars 1896 :

« M. le Président Bidault de l'Isle, vous ayant demandé de lui résumer en peu de mots, pour conclure, les preuves que je n'ai fourni de l'argent à M. de Kératry que parce qu'il était chargé d'une mission officielle du Gouvernement français, je ne m'arrêtai qu'aux choses entièrement évidentes.

« En relisant, tout d'abord, une lettre ouverte à M. Bidault de l'Isle, que j'ai publiée le 22 novembre dernier, vous pourrez vous-même en retirer une sorte de quintessence de vérité sur tous les faits de la cause.

« De même, en effet, que je mets au défi n'importe qui de prétendre, avec un seul semblant de preuve, que j'aie eu un intérêt d'argent quelconque dans les campagnes que j'ai menées jusqu'au bout à propos du Panama et à propos des Mines d'or, de même, M. de Kératry est dans l'impossibilité de nier qu'il se soit présenté chez moi comme chargé d'une mission gouvernementale et que je ne lui ai versé les premiers 10.000 francs de la somme qu'il me doit, que parce que j'étais convaincu que je les versais à un chargé d'affaires officiel.

« Je connaissais fort bien la question de la propriété littéraire en Amérique ; j'avais donné, dans le but de la faire triompher (longtemps avant que je connusse de Kératry), de grosses sommes, mon temps et mon repos. J'en avais été récompensé par tous les déboires et par toutes les ingratitudes possibles.

« **Sur le tard,** il est vrai, la Commission des Auteurs et Compositeurs dramatiques avait voulu panser un peu mes blessures et m'avait adressé la magnifique lettre signée de son regretté président Camille Doucet, secrétaire perpétuel de l'Académie française.

« Mais ce haut et public témoignage de gratitude pour mon désintéressement patriotique ne m'aurait jamais suffi pour **recommencer** une entreprise semblable.

« J'étais détrompé, fatigué, écœuré ; les plus hauts personnages m'avaient trahi, méconnu ; d'autres personnes m'avaient trop tiré à la bourse ; **n'importe qui,** par conséquent, serait venu me trouver pour me demander de rentrer dans cet ordre d'idées, dans ce genre d'affaires, je l'aurais éconduit. Je ne pouvais plus avoir confiance en personne, chacun, je l'avais vu, ne pensant qu'à tirer la couverture à soi. Et puis, où aller rechercher les responsabilités?

« **Mais le Gouvernement?** Ah! dans le Gouvernement, j'avoue que j'avais toute confiance ; il me semblait pouvoir trouver là toutes les garanties ; par lui, par ses représentants dûment accrédités, je ne croyais pas qu'un homme, même citoyen américain, pût être trompé !

« Or, c'est au milieu de ma vie de famille, **de ma retraite,** qu'un représentant du Gouvernement vint réveiller et exciter mes sentiments de dévouement à la France. Ce représentant du Gouvernement était M. le comte **Émile de Kératry.**

« Je pouvais encore me rendre — par traités formels — acquéreur des pièces de M. Victorien Sardou pour l'Amérique, et cela ne me tentait plus. La splendide lettre du Président de la Société des Auteurs, je le répète, suffisait à mon amour-propre.

« (Il ne faudra pas laisser dire à l'avocat de M. de Kératry — comme il l'a fait au premier procès — que c'est lui qui m'a fait avoir cette belle lettre de Camille Doucet, **qui est** du 24 décembre 1888, alors que, **de son propre aveu,** Kératry ne me connaissait pas encore au mois d'avril 1889.)

« Mais M. de Kératry n'eut pas de cesse qu'il n'eut triomphé de mes refus d'entrer en pourparlers... Il insista, me disant que je serais d'un grand secours, d'un secours précieux, au Gouvernement, aux gens de lettres, aux auteurs dramatiques, aux éditeurs, à cause de mon expérience en la matière... **et, finalement,** je me laissai toucher ! **par quoi?** Par la preuve évidente que M. de Kératry était chargé de cette grande mission en Amérique par M. le Ministre des Affaires Étrangères, Eugène Spuller, pour lequel j'avais eu toujours la plus confiante, la plus sympathique estime.

« **C'est ce qui me décida.** — Comment peut-on élever des doutes là-dessus? M. de Kératry lui-même, dans sa lettre du 7 janvier 1890, l'écrit en ces propres termes : « **Je vous ai donné connaissance d'une lettre de M. Spuller à M. Roustan!!!** »

« Et quelle meilleure preuve, en dehors de cette lettre de M. Spuller, que l'arrêté ministériel chargeant M. de Kératry d'une mission officielle? Cet arrêté ministériel est, d'ailleurs, depuis mercredi dernier, versé aux débats.

« Enfin, s'il fallait une autre preuve, n'est-ce pas **comme envoyé officiel** que M. de Kératry m'écrivait de Washington, le 23 octobre 1889, de lui envoyer de l'argent pour payer l'avocat dont le gouvernement français avait besoin, M. l'ambassadeur Roustan ne pouvant le remplacer, comme **incapable** de soutenir la discussion? Et n'est-ce pas parce qu'il était envoyé officiel que je lui prêtais tout ce qu'il me demandait? »

(Fin des notes remises à Me Leven le 24 mars 1896).

Depuis, vous m'avez confié le soin de vous faire un compte rendu exact et fidèle des diverses audiences consacrées à l'examen de votre affaire de Kératry, devant la 9e chambre et devant la Cour d'Appel. Je me suis acquitté de cette mission de mon mieux, et vous ai remis mon travail à cette époque. Je crois inutile de recopier ici ces deux pièces.

« Le 2 juillet dernier, après le prononcé de l'arrêt, je me suis permis de vous conseiller d'écrire à Me Leven; vous l'avez fait. Je lui ai porté cette lettre chez lui et la lui ai remise à lui-même. Cependant, avant d'écrire cette lettre élogieuse, vous avez fait quelques réserves, et vous m'avez expliqué que Me Leven n'avait pas tiré du dossier qu'il avait entre les mains tout le parti qu'il aurait pu en tirer.

Il aurait pu prouver, notamment :

Par les documents Zola et par les propres lettres de M. de Kératry, qu'il était bel et bien salarié par les Sociétés littéraires et par le Cercle de la Librairie; de même qu'il aurait dû riposter lui-même à l'incident de la décoration soulevé par M. de Kératry, après la plaidoirie de son avocat devant la Cour d'Appel. En un mot, ayant votre honneur à défendre, il aurait pu faire ce que vous avez fait seul dans vos deux Mémoires à la Cour de Cassation. **J'ai fait toutes ces remarques verbalement** à Me Leven, qui m'a répondu :

« J'ai l'habitude de mener les affaires comme **je l'entends et non** comme on me l'impose!!! »

Je vous avoue sincèrement qu'après tout ce que vous m'avez dit de Me Bickart-Sée, je suis forcé de vous féliciter, quoique vous ayant mis moi-même en rapport avec Me Leven, de ne pas lui avoir laissé « une liberté d'action », « sans laquelle, dit-il, il n'y a pas de défense possible ».

Le 16 juillet, Me Leven vous écrivit une lettre ainsi conçue :

« Mon cher Monsieur,

« J'ai besoin de savoir quelles suites vous entendez donner à votre pourvoi en Cassation et si vous désirez que je les fasse examiner par un avocat de cette Cour? Vous m'obligerez en me le faisant savoir demain matin.

« Recevez, je vous prie, l'expression de mes meilleurs sentiments.

« Jeudi.

LEVEN. »

Je me rendis chez Me Leven, par votre ordre, pour lui faire savoir que vous étiez indisposé, et que vous vous occupiez autant que cela était en votre pouvoir de votre affaire pour la Cour de Cassation. Vous m'avez recommandé de m'entretenir avec lui de votre affaire; vous m'avez, en même temps, confié la crainte que vous aviez que Me Leven ne choisît Me Bickart-Sée, en me chargeant de lui expliquer pourquoi vous ne vouliez pas de ce jeune avocat à quelque prix que ce fût. J'ai fait connaître à Me Leven votre inébranlable résolution sur ce point.

Le 15 juillet, surpris de n'avoir aucune nouvelle de l'arrêt rendu par la Cour, vous avez envoyé votre autre employé au Greffe, où il a été reçu par un commis-greffier. Il lui a demandé copie de l'arrêt rendu le 30 juin dans l'affaire Aron-Kératry. Le greffier, croyant parler à un employé de M. de Kératry, lui dit :

« Cette pièce m'a été demandée par M. de Kératry, mais je ne la lui ai promise que pour vendredi, à 10 heures, et il doit venir la prendre lui-même. » Votre employé fit connaître que c'était de votre part

(1) C'est de cette lettre écrite, à l'instigation de Kahn, que Me Leven s'est fait, contre moi, devant le Bâtonnier, une arme aussi déloyale qu'indigne d'un avocat qui se respecte. La prétention de M. Leven est d'autant plus injuste que c'est grâce à M. le Président Harel, en examinant le dossier, que l'erreur, volontaire ou non, concernant Pierre Garde fut découverte.

qu'il venait réclamer cet extrait. On l'ajourna au vendredi 17 juillet pour le lui remettre. J'avais été moi-même à ce bureau huit jours auparavant, et, sur la réponse qui m'avait été faite que l'arrêt avait été commandé déjà, j'ai cru, et vous avez partagé mon erreur, que c'était votre avoué qui en avait fait la demande.

Le 21 juillet, vous m'avez envoyé apporter à Me Leven la lettre suivante :

« Paris, 21 juillet 1896.

« Mon cher Maître,

« Depuis le 30 juin dernier, jour du prononcé de l'arrêt de la Cour, je travaille à mettre en ordre, pour les faire imprimer, les lettres de Kératry. Je considère ce travail comme absolument utile, parce que, dans ces lettres mêmes qui sont dans le dossier, il reconnaît lui-même qu'il était salarié. De plus, la déclaration formelle d'Émile Zola dans le *Temps*, où il dit que les frais de Kératry avaient été payés par le Cercle de la Librairie, vous aurait fourni un argument sans réplique aux allégations de Decori, prétendant que Kératry avait rempli sa mission avec ses propres ressources. Un autre article de l'*Événement* et du *Gaulois* vous aurait aussi fourni une réplique péremptoire. Je ne vous ai pas répondu à votre lettre pour deux raisons : la première, c'est que j'étais réellement malade; la deuxième, c'est que, votre avoué ayant demandé à M. Kahn 200 à 250 francs de provision, je pensais qu'il ferait tout le nécessaire, puisque je lui ai fait parvenir 250 francs dans ce but.

« Après le travail bien fatigant de ces derniers temps, je suis très sérieusement indisposé. Mon médecin, M. le Dr Piole, demeurant 104, rue de Lafayette, en raison de mon état, m'interdit absolument, d'ici à quelques jours, tout travail. Je charge donc M. Kahn, à qui je dicte cette lettre, d'aller vous voir immédiatement. Vous voudrez bien lui dire ce qu'il y a à faire.

« Recevez, etc.

« Joseph ARON. »

Cette lettre, que j'ai écrite sous votre dictée, je l'ai remise moi-même à Me Leven, à qui j'ai dit de nouveau que vous ne vouliez pas de Me Bickart-Sée à aucun prix, que vous prépariez vos notes pour votre avocat de la Cour de Cassation. Le même jour, Me Leven vous répondit :

« Mon cher Monsieur,

« Il faut que je sache ce que vous voulez faire à la Cour de Cassation, et ultérieurement au Tribunal. Il faut aussi prendre partie pour le procès civil.

« Veuillez venir me voir jeudi matin, et recevez, etc.

« N. LEVEN. »

Vous fûtes fort étonné de cette lettre. Je me rappelle très bien vos paroles :

« Est-ce que Me Leven a donc mission de me tuer? Que diable, mon médecin me défend tout travail, je l'écris à Me Leven, il n'y fait aucune attention. Et cet avoué qu'il a pris le 23 juin, il devait tout arranger pour la Cour de Cassation! Ah ça, Monsieur Kahn, que signifie tout cela? »

Je vous ai alors conseillé d'écrire à l'avoué. Vous le fîtes, et voici les principaux extraits de votre lettre :

« Paris, 25 juillet 1896.

« A Me Léon Richard, avoué à Paris, 18, avenue de l'Opéra.

« Mon cher Maître,

« Le 29 juin dernier, tout était prêt pour plaider mon affaire devant la Cour, au sujet de l'incompétence de la juridiction correctionnelle, en matière de diffamation d'un fonctionnaire public; tout était prêt, dis-je, quand un incident inattendu m'empêcha de me présenter à l'audience. Je m'étais, du reste, empressé d'expliquer cet incident à Me Leven, dans le télégramme suivant (envoyé à 9 heures et demie du matin) :

« 23 juin 1896.

« Narcisse Leven, avocat à la Cour, 45, rue de Trévise, Paris.
(En cas d'absence, à la Chambre des Appels correctionnels, Palais de Justice, Paris.)

« Hier matin, la concierge était encore couchée, quatre individus sont venus chez moi, 59, rue

« de Maubeuge. Un gardait la porte d'entrée, l'autre l'escalier. Les deux autres ayant sonné à la porte « d'entrée, déclarèrent à mon garçon Pierre Garde qu'ils voulaient me voir de suite. Je prenais un bain « de pieds et je priai ces Messieurs de revenir. Il n'était pas encore 7 heures. Ils répondirent qu'ils « venaient pour nous arrêter, moi et Pierre Garde, pour nous conduire à la Sûreté, par ordre de M. le « Procureur de la République pour le paiement des 2.500 francs, procès Kératry. Je leur ai demandé « où était le commissaire de police. Ils me répondirent qu'il allait venir. Je les ai alors priés de laisser « Pierre Garde aller avertir la concierge. Ils refusèrent, déclarant que nous étions arrêtés. Je suis sorti « de mon bain, j'ai ouvert la fenêtre et ai crié à quelqu'un de faire monter la concierge et le cafetier « de la maison. Ils montèrent. Ce qui advint ensuite, lors de l'arrivée du commissaire de police qui ne « vint qu'à 9 heures un quart, Kahn, qui se rend à la Cour, vous l'expliquera. Je crois, pour l'honneur « de la magistrature, que le Procureur de la République, au nom de qui ils ont agi, ignore ces faits et « ordonnera une enquête. Comme citoyen américain, j'ai prévenu mon ambassadeur, qui m'a déjà « répondu. Malade des suites de cette affaire, je vous prie de demander à Decori et à la Cour remise à « quinzaine. Si la Cour, pour quelques raisons que ce soit, refusait, ne plaidez pas, retirez-vous sans « poser des conclusions. Il est extrêmement urgent que je vous vois avant. J'ai trouvé un document très « important concernant Hanotaux, Casimir-Périer, Kératry et moi.

« Joseph ARON. »

« L'original de mon télégramme ne parvint à Me Leven qu'à 7 heures du soir!!! Je lui avais bien, il est vrai, fait remettre personnellement, avant l'ouverture de l'audience, copie de mon télégramme par M. Arthur Kahn, mon secrétaire; mais Me Leven ne crut pas pouvoir en faire usage, jugeant insuffisante sans doute une simple copie et pensa mieux faire en vous demandant de me représenter.

« Je n'ai certes, mon cher Maître, aucune objection à élever contre le choix que Me Leven fit de vous; mais permettez-moi de croire que, avant cet incident, et ayant à défendre, le jour même, mon honneur, ma réputation et mes intérêts, Me Leven, comptant plaider sur l'heure, avait déjà en mains des conclusions toutes prêtes. En conséquence, votre opinion a dû être tout simplement la sienne, et vous n'avez eu qu'à déposer ses propres conclusions. Vous me représentiez à **cause de mon absence matérielle**, et voilà tout. J'ajouterai, même avec plaisir, Monsieur, que vous continuerez à être ainsi mon représentant. Vous avez pu voir, en effet, que dès que vous m'avez fait demander de 200 à 250 francs de provision, je me suis empressé de vous satisfaire par un chèque de 250 francs.

« Aussi, comprendrez-vous que je sois très étonné de n'avoir pas reçu par votre entremise la copie de l'arrêt, dont j'ai besoin pour la rédaction de mon « Mémoire à la Cour de Cassation », ainsi que les renseignements nécessaires me disant que tout est en ordre pour me pourvoir.

« Ayez la bonté de me bien vouloir donner ces détails, ainsi que la note de vos frais **à cette heure.**

« Veuillez agréer, etc., etc...

« Joseph ARON. »

Voici la réponse de votre avoué :

« Paris, 29 juillet 1896.

« A Monsieur Joseph Aron,

« Monsieur,

« Conformément à votre demande, j'ai eu l'honneur de vous faire remettre la note détaillée de mes frais et honoraires dans l'affaire Kératry.

« Je vous ai écrit le 2 juillet dernier pour vous informer que votre pourvoi en Cassation avait été régularisé au Greffe.

« Je ne me suis pas occupé de faire lever un extrait de l'arrêt parce que j'ai su, au Greffe, que vous aviez commandé directement cet extrait et qu'il allait vous être délivré. Cet extrait vous a été remis il y a une huitaine de jours.

« Agréez, etc., etc...

« Richard LÉON. »

« État des frais dus à Me R. Léon, avoué, comme ayant occupé pour M. Joseph Aron contre M. le comte de Kératry — Appel — jugement correctionnel 9e Chambre du Tribunal de la Seine du 6 mai 1896. Arrêt du 30 juin 1896.

« Conclusions déposées à l'audience du 23 juin 1896.	» 60	7 50
« Conclusions déposées à l'audience du 29 juin et timbre, 11 pages	6 60	7 50
« Autographie des conclusions distribuées à MM. les Conseillers, 11 pages . .	33 »	
« Payé au Greffe pour le pourvoi en Cassation	70 »	
« Soins, faux-frais, assistance aux audiences des 23, 29 et 30 juin 1896 et honoraires		125 »
« Quittance.	» 10	
	110 30	140 »
		110 30
		250 30

Le 30 juillet, vous lui répondîtes :

« A Me Richard Léon, avoué à la Cour, 18, avenue de l'Opéra.

« Cher Maître,

« J'ai reçu ce matin votre lettre en réponse à celle que je vous ai adressée le 25 courant.

« Ci-inclus, 0 fr. 30 en un mandat sur la poste, formant, avec les 250 francs dont vous m'avez accusé réception le 2 juillet dernier, le montant de votre note de ce jour.

« Je vais vous faire remarquer que ce n'est que le 15 juillet que j'ai fait demander au Greffe de la Cour copie de l'arrêt de compétence dans l'affaire de Kératry, et l'employé qui l'a remise à mon employé, le 17 du même mois, lui a déclaré qu'aucune demande n'avait été faite par vos soins à cette époque. L'arrêt étant du 30 juin, j'attendais tous les jours, croyant en recevoir la copie par votre Étude. Me Leven m'ayant fait savoir, par M. Kahn, qu'il y avait urgence, j'ai cru devoir la faire prendre moi-même.

« Je vous prie de vouloir bien m'envoyer la copie des conclusions que vous avez déposées le 23 juin, comme l'indique votre note.

« Agréez, etc...

« Joseph ARON. »

En réponse, Me Richard Léon vous écrivit :

« Paris, 31 juillet 1896.

« A Monsieur Joseph Aron, 59, rue de Maubeuge.

« Monsieur,

« Je n'ai pas conservé la copie des premières conclusions sur timbre que j'ai déposées devant la Cour, dans l'affaire de Kératry. Ces conclusions ont été jointes au dossier de M. le Président.

« D'après mes souvenirs, ces conclusions, de pure forme, pour rendre le débat contradictoire, étaient ainsi conçues :

« PLAISE A LA COUR,

« Statuant sur l'appel d'un jugement, etc... Recevoir M. Aron appelant dudit jugement. Ce faisant « mettre l'appellation et ce dont est appel à néant.

« Émendant et réformant : Dire et juger que le tribunal correctionnel était incompétent pour con- « naître du litige. Renvoyer les parties à se pourvoir devant qui de droit. Et condamner M. de Kératry « aux dépens. »

« Agréez, Monsieur, etc...

« Richard LÉON ».

Vers le 26, je suis retourné chez Me Leven, qui me dit alors qu'il allait prendre Me Bickart-Sée pour prendre l'affaire.

Je ne pouvais le croire, après ce que je lui avais dit de votre part à ce sujet. Je lui ai ensuite remis l'arrêt de la Cour, il l'a lu avec une grande attention et en a été très satisfait; il l'a trouvé excellent et meilleur qu'il ne pouvait l'espérer.

« Vous lui écrivîtes ensuite, à la date du 28 juillet, une très longue lettre dont j'extrais les principaux passages :

« Paris, 28 juillet 1896.

« Mon cher Maître,

« Très frappé, très étonné de la dernière brochure de Bernard Lazare contre l'antisémitisme, je n'ai pu résister au désir d'en relever quelques passages qui m'ont paru outrageants pour nous, et, quoique fatigué et malade, j'ai écrit dans mon lit la brochure que que je me fais un devoir de vous envoyer : *La Résurrection de Lazare.*

« J'aurais cependant ajourné cette publication si j'avais pu croire qu'il y eût déjà urgence pour la Cour de Cassation. En Amérique, après deux jugements successifs devant deux juridictions différentes, on jouit d'un certain répit, surtout à la veille des vacations, pour pouvoir préparer une défense définitive devant la Cour suprême. J'espérais que l'avoué d'appel auquel je n'ai rien refusé de ce qu'il m'avait demandé continuait à défendre mes intérêts et que je n'avais pas à craindre de sitôt le danger que vous me faites signaler.

« Il me semble que l'on va bien vite à la Cour de Cassation. A propos de cette juridiction, vous avez bien voulu nommer à M. Kahn, l'avocat à cette Cour que vous vous proposiez de prendre pour moi. Je vous en prie, cher Maître, n'en faites rien encore ; veuillez attendre que je vous en désigne un moi-même.

« Celui dont vous me faites parler est certes plein de talent, mais je n'ignore pas (et je le regrette) qu'il est plus ou moins lié d'amitié avec des personnes mêlées de près ou de loin au procès que j'ai eu à soutenir devant la 3e Chambre du Tribunal, etc...

« J'aurais voulu vous parler de mon télégramme, qui aurait dû vous être remis au Palais même et que l'on a délivré à votre domicile; une enquête à cet égard serait peut-être instructive à bien des points de vue, mais il vaut mieux que nous remettions le tout à l'époque définitive des débats réels de la Cour de Cassation.

« Pour cette bataille finale, je compte toujours sur vos bons et sympathiques soins, car je me confie vraiment à vous. Du reste, vous m'y trouverez, moi aussi, animé de la même foi et du même courage que vous m'avez vu manifester sans crainte, lors du coup de Jarnac à la fin de l'audience de la Cour d'Appel, quand j'ai su déjouer et rendre inutile la misérable intrigue de Kératry et sa basse manœuvre de la dernière heure au sujet de la croix d'honneur.

« Agréez, etc., etc...

« Joseph ARON. »

Me Leven vous répondit par cette lettre, à la date du 1er août.

« Mon cher Monsieur,

« Après examen de l'arrêt de la Cour d'Appel, **l'avocat à la Cour de Cassation** et moi nous estimons que le pourvoi n'offre aucune chance de succès sérieuse. Le désistement s'impose. **Veuillez le faire au greffe de la Cour d'Appel ou en charger Me Léon.**

« Le pourvoi aura servi à faire ajourner l'affaire du tribunal à la session prochaine, **devant un tribunal nouveau.**

« Je reste d'avis que le procès civil a une haute importance après l'arrêt de la Cour. Si, dans votre correspondance avec Kératry, il n'y a rien qui diminue la portée des engagements pris par votre débiteur, le procès doit être tenté.

« Votre dernière publication (*La Résurrection de Lazare*) contient encore le nom de Kératry, vous **m'aviez promis** de ne plus l'imprimer jusqu'à la fin du procès.

« Recevez, etc...

« N. LEVEN. »

En recevant cette lettre, vous vous êtes montré fort irrité. C'est sur ma prière que vous avez écrit votre réponse si modérée :

« Mon cher Maître,

« Vous confirmant ma lettre du 28 juillet, dans laquelle je vous ai donné les raisons pour lesquelles je ne voulais pas avoir Me Bickard-Sée pour avocat à la Cour de Cassation, et dans laquelle je me réservais de vous indiquer celui que je voulais choisir, je m'empresse de vous dire que c'est Me Devin que je tiens à prendre. La question pour moi n'est pas de savoir si je perdrai ou ne perdrai pas mon procès en cassation. Je veux y aller absolument. J'espère que vous voudrez bien remettre vous-même le dossier à Me Devin, que je verrai dès lundi, à son retour à Paris.

« Toujours bien vôtre,

« Joseph ARON. »

Vous vous êtes effectivement rendu chez Me Devin. J'y suis allé moi-même le lendemain pour lui apporter un document de votre part, et il m'a semblé, d'après ma conversation avec le secrétaire de Me Devin, que le fait de l'intervention de Bickart-Sée vous procurerait des difficultés pour avoir un autre avocat.

En effet, le surlendemain, Me Devin, m'avez-vous dit, a refusé de vous recevoir. Vous avez alors insisté **en vain** pour le voir, comme Président des avocats à la Cour de Cassation. Vous avez alors écrit à Me Leven ce qui dit :

« Paris, 3 août 1896.

« Mon cher Maître,

« Ce qu'il m'importe absolument, c'est de plaider à la Cour de Cassation. Ainsi que je vous l'écrivais avant-hier, le résultat du pourvoi m'est presque indifférent, bien que je n'en désespère pas du tout; ce que je veux, c'est faire la lumière. Il m'est, du reste, impossible de me dérober aujourd'hui, Kératry ayant pris un avocat de son côté, Me de Valroger. Je ne puis pas me laisser prendre au piège ni au dépourvu.

« Quand je vous priais d'attendre que j'eusse fait choix d'un avocat, j'obéissais à un sentiment plus que naturel. Je savais par M. Kahn que vous vouliez prendre Me Bickart-Sée, et moi je ne voulais pas de lui. Je vais vous parler ici confidentiellement, et vous verrez que n'importe quel autre avocat vous m'auriez offert, je l'aurais accepté.

« Depuis bien des années, Me Bickart-Sée est dans des idées et des relations personnelles qui auraient dû, je vous l'assure, lui inspirer spontanément le refus d'être mon avocat. Je ne vous en dis pas plus aujourd'hui.

« Ce matin, comme je vous l'avais annoncé, je suis allé chez Me Devin. Il ne m'a pas reçu, sachant que Me Bickart-Sée était inscrit comme mon avocat au greffe de la Cour de Cassation.

« Vous qui savez que je ne l'ai pas choisi et qui savez maintenant que je ne saurais pas le prendre, je vous prie, mon cher Maître, de bien vouloir réparer au plus tôt ce fâcheux contre-temps, en prenant pour moi un avocat autre, quel qu'il soit, que je prendrai de vos mains avec la plus entière confiance.

« C'est urgent, je crois, et de **n'importe quelle façon** je veux aller en Cassation.

« Ci-joint une petite note pour ledit avocat.

« Toujours vôtre, « Joseph ARON. »

En apportant cette lettre à Me Leven, je lui ai fait part de vos trois visites chez Me Devin, et que vous aviez offert de payer de suite au secrétaire de Me Devin la provision d'usage, que ce dernier ne voulut pas accepter, vu l'absence de Me Devin.

Le 5 août, au matin, Me Leven vous envoya la lettre suivante par un commissionnaire qui la déposa chez votre concierge.

Me Leven devait être bien excité puisqu'il vous écrivait : « Mon cher Maître. »

« Paris, 5 août 1896.

« Mon cher Maître (*sic*),

« **Je dois vous faire savoir que la Cour de Cassation ne lit pas d'autre Mémoire que celui qui lui est présenté par l'avocat de la cause sur des questions purement juridiques** et que je n'en aperçois dans votre procès aucune qui puisse être soulevée avec chance de succès.

« **J'ai prié Me Bickart-Sée de s'inscrire** pour éviter que l'affaire soit jugée sans que vous ayez été averti. C'est un service personnel qu'il m'a rendu. La liberté du choix de l'avocat est donc restée entière pour vous.

« Quoi que je pense du pourvoi, je réponds à votre désir en vous indiquant Me Lesage. C'est un des plus éminents de la Cour.

« Recevez, etc...

« N. LEVEN. »

Le même jour vous lui avez répondu ce qui suit :

« Paris, 5 août 1896.

« Mon cher Maître,

« Je reçois bien votre lettre et vous en remercie. Vous me recommandez pour la Cour Me Lesage ; cela me suffit, et j'ai désormais en lui entière confiance comme en vous.

« Seulement, après mon instructive visite chez Me Devin, je ne puis aller moi-même directement chez Me Lesage, et je vous prie de m'y introduire officiellement, avec le dossier. Je ne doute pas que vous m'accompagniez **jusqu'au bout** dans cette affaire Kératry — et je veux absolument aller en Cassation et y être représenté dès maintenant.

« Agréez, etc...

« Joseph ARON.

« P. S. — Si, par aventure, l'affaire venait demain, comme me l'a **dit à moi-même le greffier en titre**, je compte absolument sur vous pour qu'il y ait un **renvoi.** »

Le même jour, c'est-à dire le 5 août, Me Leven vous répondit :

« Paris, 5 août 1896.

« Mon cher Monsieur,

« Vous me demandez l'impossible ; c'est de vous assurer la remise de votre affaire. **Je suis sans qualité**, comme tous les avocats à la Cour d'appel, pour rien faire à la Cour de Cassation.

« Veuillez vous résigner à voir Me Bickart-Sée et à lui demander son concours uniquement pour la remise ; ou bien, voyez Me Lesage et priez-le de se constituer pour lui et de faire une démarche pour la remise.

« Recevez, etc...

« N. LEVEN.

« P. S. — J'écris à Me Bickart-Sée. N. L. »

Mais, ayant appris que Me Lesage était absent de Paris, vous avez pris la courageuse résolution de vous présenter seul à la Cour de Cassation. A la fin de l'audience du 6 août, votre affaire n'ayant pas été appelée ce jour-là, vous n'avez pas craint d'aller frapper à la porte de M. le Président Loew ; vous lui avez soumis votre cas, et il vous a autorisé à lui présenter directement un Mémoire, sans l'intermédiaire d'un avocat à la Cour de Cassation. Vous avez passé la nuit à le rédiger. Le lendemain, vous l'avez remis, avant l'heure de l'audience, à M. le Président, et la Cour vous a accordé la remise que vous lui demandiez.

M. le Rapporteur à la Cour de Cassation ayant fait allusion, à cette audience, à la lettre de Me Bickart-Sée, vous avez écrit, à la date du 9 août, une lettre qui se trouve dans le dossier supplémentaire que vous avez remis à M. le Président Loew.

Dès le lendemain, Me Leven vous répondait par la lettre suivante :

« Paris, 10 août 1896.

« Monsieur Joseph Aron, 59, rue de Maubeuge.

« Mon cher Monsieur,

« Je pensais avoir assez bien conduit vos affaires **au lendemain** d'une condamnation qui m'en faisait craindre de plus graves, pour mériter, non pas les éloges que vous m'avez prodigués, mais une liberté d'action sans laquelle il n'est pas de défense possible.

« J'ai conseillé le pourvoi pour deux raisons : la première, pour avoir le temps d'examiner l'arrêt, puisque le délai du pourvoi n'est que de trois jours ; la seconde, pour éviter que l'affaire ne revienne avant les vacances **devant les juges** qui vous avaient condamné, la composition du tribunal ne devant plus être la même l'année prochaine.

« **J'ai prié** Me Bickart-Sée de s'inscrire ; il le faisait pour m'obliger.

« **A tout autre avocat**, il eût fallu remettre une provision, donnée en pure perte si vous renonciez au pourvoi ; et **quand Me Bickart-Sée** s'efface en disant qu'il a été désigné par erreur, pour empêcher la Cour de penser qu'il abandonne le procès comme insoutenable, **vous l'incriminez !!**

(1) Donc, Me Bickard-Sée n'a pas dit la vérité au Président de Cour de Cassation en lui écrivant à mon sujet.

« Vous partez de là pour incriminer la désignation de l'huissier, que vous étiez libre de ne pas accepter, celle de l'avoué d'appel, **inutile** si vous vous étiez présenté à l'audience, **et faite uniquement** pour vous épargner une confirmation pure et simple du jugement.

« Avec eux, tout a bien marché jusqu'à présent, et tout irait bien encore **si vous n'aviez** pas la prétention de diriger **votre** affaire au lieu de la laisser diriger.

« **J'estime** que votre pourvoi en Cassation est insoutenable. Ce qui vous fait illusion, c'est que vous croyez à la possibilité de soumettre à la Cour de Cassation les faits de la cause; ils échappent à sa compétence quand la **Cour d'Appel** a déclaré, en fait, que l'article reçu à l'examen de la juridiction correctionnelle vise la personne privée, la Cour de Cassation n'a pas **le pouvoir** de reviser cette déclaration.

« Je persiste à vous affirmer que la Cour de Cassation ne donnera aucune attention à tout ce qui n'est pas d'ordre purement juridique.

« La Cour de Cassation vous a accordé une remise à quinzaine pour vous permettre **un désistement** qui vous **évite une condamnation** à l'amende et aux frais.

« Le **désistement** est un acte de procédure tout indiqué après un pourvoi qui n'a été qu'un acte de procédure sans doute, **tandis** qu'un rejet de pourvoi **sera exploité** par **de Kératry** contre vous devant le tribunal.

« Je ne reviens pas sur ce que je vous ai dit au sujet du procès civil. Je répète que je le crois nécessaire, et je tiens à le répéter, habitué que je suis à m'occuper moins de l'opinion de mes clients que de leur intérêt.

« Quoi qu'il en soit, vous laissant la responsabilité de vos actes et pour ôter tout prétexte à vos récriminations, faites-moi savoir **si vous tenez** à la disposition d'un avocat à la Cour de Cassation **la provision** qu'il réclamera, **vous en aurez un dans les quarante-huit heures.**

« Une dernière réflexion :

« Vous êtes engagé dans un procès où il n'y a pas une faute à commettre; j'attends, ce matin, votre résolution, **ou, ce qui vaut mieux, votre visite.**

« Votre dévoué,

« N. Leven. »

Mais alors, Monsieur Aron, vous en aviez assez, vous n'avez pas voulu continuer ce genre de correspondance, et vous vous êtes borné à envoyer la dépêche suivante :

« 10 août 1896.

« Maître Leven, 45, rue de Trévise.

« Extrêmement occupé travail Cassation, vous confirme lettre d'hier avec prière remettre tous documents chez Richard Léon, avoué.

« Cordialement, « Joseph Aron. »

Après cette dépêche, vous vous êtes remis à la tâche et avez complété par un second Mémoire celui que vous aviez adressé, le 6 courant, à M. le Président de la Cour de Cassation; vous avez ainsi comblé une certaine partie des lacunes de la défense à la Cour d'Appel.

Il est bien clair que l'offre d'un avocat que vous a faite Me Leven à la dernière minute ressemble plutôt à une plaisanterie, et que son doute sur votre paiement d'une provision ne peut qu'étonner, s'adressant à un homme dont le sentiment du devoir, et la générosité, et tout un passé de bienfaits sont connus.

J'espère, Monsieur Aron, que tout ce résumé que je viens de faire avec soin vous paraîtra exact, et que, si j'ai omis quelques détails, vous voudrez bien m'en excuser.

Votre respectueux,

Kahn.

---

(1) Je n'ai jamais incriminé l'avoué d'appel, BIEN AU CONTRAIRE, il a fait son devoir - ce que n'a pas fait Me Leven - . (2) Mes mémoires adressés à la Cour de Cassation se trouvent dans celui présenté à M. le Garde des Sceaux, 15 Janvier 1897.

APPENDICE III

Correspondance à propos de « l'entrevue » du New-York Herald *avec M. Victorien Sardou.*

« Paris, 10 janvier 1889.

« Monsieur Gustave Roger, agent général de la Société des Auteurs et Compositeurs, 8, rue Hippolyte-Lebas, Paris.

« Monsieur,

« Lorsque vous m'avez fait l'honneur de me remettre la lettre datée décembre 24, écrite au nom de la Commission et signée par son Président, M. Camille Doucet, vous m'avez remis en même temps, comme il en a été convenu à la réunion du 21, la copie conforme de ce que M. Victorien Sardou a exhibé et lu en partie devant la Commission.

« Je tiens à constater, pour éviter tout malentendu, que je n'ai reçu de vous qu'une seule pièce (ou document) de M. Sardou, c'est-à-dire le traité du 10 décembre 1886, signé par moi, comme président. Ce traité était pour les six prochaines pièces, à commencer par le *Crocodile.*

« Le changement causé par M. A. de Castro à ce traité est comme suit (je copie sous l'article additionnel) :

« D'un commun accord, il est entendu et convenu entre M. A. de Castro, représentant de la *Franco-*
« *American Agency*, dûment autorisé, et M. Victorien Sardou, que la pièce que ce dernier écrit en ce
« moment, dont le rôle principal doit être joué par Mme Sarah Bernhardt, est en dehors du présent
« traité.

« *Signé :* A. DE CASTRO, *Président.* *Signé :* Vict. SARDOU. »

« Comme je vous le dis plus haut, je tiens à constater que c'est la seule pièce que vous m'avez remise.

« Agréez, Monsieur, l'assurance de ma parfaite considération. *Signé :* Joseph ARON. »

« P. S. — « L'interview » publié ce matin dans le *New-York Herald* me force d'insister sur une constatation *sans erreur possible.* »

« Paris, le 15 janvier 1889.

« Monsieur Victorien Sardou, 37, rue du Général-Foy.

« Monsieur.

« Sous ce titre : *Une entrevue avec M. Sardou,* le journal *le New-York Herald* (édition de Paris), dans son numéro du 10 de ce mois, publie un article d'une nature si fantaisiste, qu'il m'est impossible de le laisser passer sans vous exprimer la profonde surprise que j'ai éprouvée en le lisant.

« Qu'au lendemain des déclarations formulées par vous au sein de la Commission des Auteurs, dans la séance du 21 décembre dernier, vous ayez cru pouvoir assumer la moindre part de responsabilité dans les racontars du publiciste du *New-York Herald*, racontars en contradiction flagrante avec vos propres paroles, c'est là une supposition que je me refuse à faire et sur laquelle il ne saurait me convenir de m'arrêter un instant.

(1) M. Benett, propriétaire du NEW YORK HERALD, était le prem[ier] "courtier dramatique" de Sardou pour la vente de THEODORA en Amér[ique] six mois avant la fondation de la F. A. A. F. D. L. (Limited).

« Jusqu'à preuve du contraire, je tiens à demeurer convaincu que, loin d'avoir inspiré le moins du monde l'article en question, vous êtes demeuré étranger aux allégations au moins singulières, pour ne rien dire de pis, qu'il renferme et qu'il n'y a au fond de tout ceci qu'un simple malentendu facile à éclaircir.

« Au cours de la séance à laquelle je viens de faire allusion, vous m'affirmâtes sur l'honneur, vous vous rappelez ce détail, à coup sûr, que la note parue dans le *Figaro* du 7 février 1886 (note ci-incluse), avait été insérée à votre insu, par les soins de M. François Mons, tout à fait omnipotent, paraît-il, dans les journaux de Paris (1).

« Pourquoi n'en serait il pas de même aujourd'hui, et pourquoi votre bonne foi n'aurait-elle pas été surprise cette fois encore ? Rien, à la vérité, je le répète, ne me donne le droit de croire à ce qui constituerait de votre part le plus étrange des oublis. J'ajoute que je ne mets pas en doute davantage qu'après avoir appelé toute votre attention sur l'article du *New-York Herald*, si ridiculement contraire à la réalité des faits, vous ne voyiez nul inconvénient à en désavouer la forme et le fond, dans l'intérêt même de la vérité.

« Deux points surtout, Monsieur, m'ont paru particulièrement erronés, dans l'interview dont il s'agit. Le premier a trait à votre soi-disant réponse à la question posée par votre interlocuteur, au sujet de votre complète liberté d'action, en tant que producteur dramatique aux Etats-Unis.

« Comment admettre, en effet, que vous ayez pu perdre le souvenir du traité de cession du 10 décembre 1886, dont vous m'avez fait remettre copie après la séance du 21 décembre 1888, par M. Gustave Roger, l'agent général. Les termes de ce traité, qui, mieux que vous, Monsieur, peut se flatter de les connaître ? La contradiction est telle, en effet, avec l'affirmation du correspondant du *New-York Herald*, qu'elle ne peut permettre à personne de prendre le change, et qu'il me paraîtrait souverainement injurieux pour votre caractère d'insister davantage sur le manque de foi qu'impliquerait forcément, de votre part, une si brusque et si injustifiable évolution.

« Ma seconde observation touche, Monsieur, à un autre ordre d'idées qui n'a pas moins d'importance à mes yeux.

« Le rédacteur de l'article du *New-York Herald* place dans votre bouche ces propres paroles :

« *MM. Mons et Godchaux ne sont nullement mes fondés de pouvoir en Amérique, ce sont des « courtiers d'affaires avec qui j'ai traité comme avec d'autres*, etc. »

« Elle ne saurait échapper à votre perspicacité, Monsieur, la gravité de cette phrase et, plus encore, celle de l'expression aussi impropre qu'injuste de *Courtiers d'affaires* (*dramatic brokers*), qui vise manifestement les membres de la *Franco-American Agency*.

« Personnellement, je ne fais nulle difficulté d'en faire l'aveu, l'intention sciemment désobligeante de cette épithète ne peut m'atteindre. Après le témoignage tout spontané d'estime dont j'ai été l'objet, après la lettre si flatteuse que M. Camille Doucet, président de la Commission des Auteurs, m'a fait l'honneur de m'écrire à la date du 24 décembre dernier (2), lettre dont vous ne pouvez ignorer ni la

1. Lire la *Nouvelle Revue* de Mme Adam, du 15 janvier 1889 : *le Théâtre en Amérique*, par Louis Nathal, l'associé de M. Mons.

(2) LETTRE DE M. CAMILLE DOUCET

SOCIÉTÉ
des
AUTEURS ET COMPOSITEURS
Dramatiques
8, rue Hippolyte-Lebas, 8

Commission

« Paris, le 24 décembre 1888.

« Monsieur,

« La Commission des Auteurs et Compositeurs Dramatiques, après avoir entendu, dans sa séance du 21 décembre, vos explications sur la fondation et le fonctionnement de l'*Agence Franco-Américaine*, dont vous avez été le fondateur, ne fait aucune difficulté de reconnaître, conformément à votre désir, qu'en fondant cette agence vous n'étiez pas guidé par un intérêt mercantile, et que vous vous proposiez un résultat plus élevé et plus honorable. — Organisée dans le but de protéger aux États-Unis les Œuvres dramatiques françaises, votre création avait un caractère national et patriotique que l'on ne saurait contester et que la Commission se plaît à reconnaître.

« Agréez, Monsieur, l'assurance de ma considération très distinguée.

« *Le Président*, Camille DOUCET.

« M. Joseph Aron, 30, rue Bergère. »

teneur, ni le caractère hautement sympathique, puisque, en votre qualité de Vice-Président de la Commission, vous avez été appelé à en discuter vous-même les termes, je me considère comme au-dessus de toute attaque. La satisfaction morale qu'à défaut d'autre, j'ai obtenue, me suffit ; j'en suis fier et je crois l'avoir amplement méritée. Mais le fait seul d'étiqueter la Société de la *Franco-American Agency*, concurremment avec M. François Mons, sous une même et méprisante dénomination, peut justifier à bon droit, vous voudrez bien le reconnaître, mes susceptibilités. Je ne puis oublier, en effet, avec quelle vivacité de langage, avec quelle indignation vous avez vous-même, au sein de la Commission des Auteurs, flétri la conduite de M. Mons.

« Pourrais-je donc supposer qu'à si peu d'intervalle, vous ayez cru pouvoir envelopper dans une réprobation égale et l'ancien directeur littéraire de la *Franco-American Agency* et les membres du Conseil d'administration de cette même Société.

« Les noms seuls de presque tous ces derniers parlent assez haut en leur faveur pour faire justice d'une telle insinuation. Le trésorier, que vous connaissez de nom, M. Rosenbaum, M. Brandus, M. Goodhart, M. Frank, etc., etc., etc., tous citoyens honorables au premier chef, en possession, aux États-Unis, de l'estime générale, tant par leur situation de fortune que par leur caractère public et privé, et qu'une assimilation, involontaire ou non, avec M. Mons, peut blesser à juste titre. Quant à M. Mons lui-même, il peut vous souvenir, Monsieur, de mon attitude en votre présence et en celle de vos collègues, à la séance du 21 décembre. J'ai insisté, vous savez avec quelle force, contre toute mesure à prendre à mon instigation contre lui, laissant à la Société des Auteurs la responsabilité pleine et entière d'agir comme elle croirait devoir le faire, dans l'intérêt même de sa dignité.

« Je me plais à espérer, Monsieur, en terminant cette lettre déjà trop longue, qu'édifié sur l'inexactitude absolue des informations contenues dans l'article du *New-York Herald*, vous ne ferez nulle difficulté d'apprécier toute la valeur des observations qui précèdent et de désavouer publiquement le rédacteur d'une feuille qui, à votre insu, je n'en veux pas douter, a, d'un bout à l'autre de l'élucubration publiée dans ses colonnes, altéré si manifestement la vérité.

« Persuadé que je ne fais pas appel en vain à votre esprit d'équité, je demeure convaincu que, mû par le seul désir de rendre hommage à la vérité, vous voudrez bien, par le désaveu que je réclame de votre courtoisie, m'accorder la satisfaction qui m'est due et à laquelle j'attache, vous le comprenez sans peine, une importance capitale.

« Je n'ai pas besoin d'ajouter à quel point je serais désolé, dans l'hypothèse improbable d'une fin de non recevoir, de rompre un silence auquel je m'étais engagé vis-à-vis de la Commission des Auteurs et de rouvrir un débat que je me plaisais à considérer, après la lettre de M. Camille Doucet, comme définitivement clos.

« Agréez, Monsieur, l'assurance de mon profond respect.

« *Signé :* Joseph ARON. »

LE FIGARO, 7 février 1886.

M. Victorien Sardou, qui avait tenu à rester sur la réserve pendant tous les débats, devant la Commission des Auteurs et Compositeurs dramatiques de l'affaire de la *Franco-American Agency* de New-York, a confié, hier samedi, son manuscrit de *Théodora* à M. François Mons.

Dès le début de cette entreprise internationale, M. Sardou l'avait, comme nous-même, étudiée et approuvée ; mais en sa qualité de Président de la Commission, il n'avait pas voulu, tout d'abord, se prononcer publiquement. La décision favorable prise à l'unanimité, vendredi dernier, par la Commission ayant rendu à M. Victorien Sardou sa liberté d'action, l'auteur de *Patrie* en a aussitôt usé pour donner à la *Franco-American Agency* ce témoignage de haute confiance.

C'est M. Sardou qui a écrit lui-même la mise en scène détaillée de cette grande œuvre, dont le *New-York Herald* annonce, dès ce moment, la très prochaine production, en anglais, aux États-Unis et au Canada.

THE NEW YORK HERALD

EUROPEAN EDITION PARIS, THURSDAY, JANUARY, 10, 1889.

UN ENTRETIEN AVEC M. SARDOU

Les prochaines pièces de l'Académicien. Une « Morale » pour les Jeunes Demoiselles Américaines qui se proposent d'épouser des Titres.

COURTIERS DRAMATIQUES (1)

« *J'ai la Libre Disposition de toutes mes pièces, à l'exception de celles que j'ai cédées à M. Daly.* »

Un correspondant du Herald a eu hier une très agréable causerie avec M. Victorien Sardou, qui est en ce moment très occupé avec ses deux nouvelles pièces, qui seront représentées cette saison. « Marquise », la brillante petite comédie en 3 actes, maintenant en répétition au Vaudeville est très gaie et mouvementée. Elle est écrite dans le genre de « Divorçons ». C'est l'histoire d'une très riche et très sémillante jeune femme de goût artistique, qui épouse simplement pour son titre un vieux marquis ruiné. Le couple a une existence très animée, et M. Sardou m'assure que les jeunes demoiselles américaines qui viennent en Europe pour se marier à des personnes titrées trouveront une « morale » dans « Marquise » d'une nature très piquante.

M. DALY

Le correspondant demanda à M. Sardou s'il était vrai que M. Daly avait acheté « Marquise » et aussi la nouvelle pièce qui allait être jouée à la Comédie-Française.

« Oui », répondit M. Sardou, « M. Daly a acheté les deux pièces, mais il n'est pas encore certain si la seconde pièce sera jouée à la Comédie-Française, de préférence au Gymnase ou au Vaudeville.

« On croit généralement en Amérique que MM. Mons et Godchaux ont le monopole du placement de toutes vos pièces. Est-ce vrai?

« Non », répliqua M. Sardou, « *personne* » n'a le monopole de mes pièces.

« Est-ce que MM. Mons et Godchaux ne sont pas vos représentants en Amérique?

« Comment? mais pas du tout, répliqua M. Sardou.

« *MM. Mons et Godchaux ne sont nullement mes fondés de pouvoir en Amérique; ce sont des courtiers d'affaires avec qui j'ai traité comme avec d'autres, mais voilà tout. Ils n'ont pas le moins du monde le caractère officiel de mes agents, qu'on leur prête.* Je conserve le droit de disposer de toutes mes pièces comme je l'entends, excepté, toutefois, celles que j'ai cédées à M. Daly. »

Ici suit la conversation à propos de Mlle BLANCHE ROOSEVELT.

Puis la lettre du 5 Janvier.

Signé : Albert DELPIT, *Secrétaire.*
Albin VALABREGUE —

1. Le correspondant du *Herald* ignorait probablement que M. James Gordon-Bennett, le propriétaire du *Herald*, était aussi un « *Courtier dramatique* » d'après M. Victorien Sardou.

La *Franco-American Agency*, qui, le 22 janvier 1886, a payé à M. Sardou 22.000 francs pour « Théodora », n'a reçu l'acte notarié de M. Gordon-Bennett au nom duquel était le « Copyright », qu'au mois de mai 1886, lui transférant *ses* (M. Gordon-Bennett) *droits* sur Théodora, qui avait été, paraît-il, vendu d'abord par M. Bennett à un directeur américain. J. A.

(Traduit de l'anglais par Owen E. Jenkins.)

Copie remise le 26 décembre par M. Gustave Roger, agent général, à M. Joseph Aron, après la réunion du Comité des Auteurs, le 21 décembre 1888, comme il en avait été convenu avec M. Victorien Sardou à ladite réunion, pour prouver à M. Aron que M. Sardou croyait avoir le droit de vendre La Tosca.

TRAITÉ AVEC M. VICTORIEN SARDOU

Traité de cession.

Entre les soussignés, *M. Victorien Sardou,* auteur dramatique, membre de l'Académie française, rue du Général Foy, n° 37; D'une part,

Et la *Franco-American Agency for Dramatic Literature (Limited),* dûment incorporée conformément à la loi des États-Unis, et dont les bureaux sont établis, à New-York, 23, Union Square, et à Paris, 28, rue de la Victoire, laquelle est représentée par *M. Joseph Aron,* son président, et *M. François Mons,* l'un de ses Directeurs; D'autre part,

Il a été convenu ce qui suit :

ARTICLE PREMIER. — En considération d'une avance de *dix mille francs,* qui sera versée à M. Victorien Sardou, lors de la remise du manuscrit de chacune de ses six prochaines pièces nouvelles, comédies ou drames, en trois, quatre ou cinq actes, qui seront successivement représentées à Paris, à partir de ce jour, et en considération des obligations prises dans les articles 5, 6 et 7 du présent traité par la Franco American Agency for Dramatic Literature (Limited), de New-York.

M. Victorien Sardou concède exclusivement à ladite Agence, qui l'accepte, le droit de représenter ou de faire représenter dans toutes les langues, sur tous les théâtres des États-Unis d'Amérique et du Canada, les six prochaines pièces nouvelles, comédies ou drames, signées par lui, dont il sera le seul auteur ou pour lesquelles il aurait un ou plusieurs collaborateurs.

Il est bien entendu qu'il ne s'agit, ici, que des pièces dont la première représentation aura eu lieu à Paris.

Il est également entendu que cette concession est, pour chacune de ces pièces, d'une durée de dix années à partir du jour de la première représentation à Paris.

ART. 2. — M. Victorien Sardou s'engage à remettre à l'Agence un manuscrit desdits ouvrages, chacun aussitôt après la première représentation à Paris, et chaque fois contre le versement de l'avance de dix mille francs ci-dessus stipulés.

ART. 3. — Cette avance de dix mille francs restera acquise à M. Sardou, dans le cas où la pièce, objet de cette avance, ne serait pas représentée aux États-Unis et au Canada, ainsi que dans le cas où ladite pièce ne rapporterait pas cette somme.

Si l'Agence renonçait à faire représenter une des pièces qui font l'objet du présent contrat, elle devrait en donner avis à M. Sardou, dans un délai de dix-huit mois à dater du jour de la réception du manuscrit; et, dans ce cas, la propriété pleine et entière de ladite pièce ferait retour à M. Sardou.

ART. 4. — M. Victorien Sardou s'engage, en outre, à ne pas faire imprimer et à ne pas autoriser l'impression des ouvrages qui font l'objet du présent traité, soit en France, soit à l'étranger, et dans aucune langue, pendant une période de six années, à partir du jour de la première représentation, à Paris, de chacun de ces ouvrages.

ART 5. — La Franco-American Agency for Dramatic Literature (Limited) s'engage, de son côté, à verser entre les mains de M. Victorien Sardou, *cinquante pour cent* de tous les droits, primes et autres parts d'auteurs généralement quelconques, qu'elle recevra par suite des représentations des dits ouvrages aux États-Unis et au Canada. Ces versements seront effectués chaque mois.

ART. 6. — La Franco-American Agency for Dramatic Literature (Limited) s'engage, en outre, à communiquer à M. Victorien Sardou tous les traités et conventions, relatifs aux pièces en question, qu'elle fera avec les théâtres des États-Unis d'Amérique et du Canada.

ART. 7. — Tous frais de traduction, dépôt, frais judiciaires ou autres, seront exclusivement à la charge de la Franco-American Agency for Dramatic Literature (Limited), qui est autorisée par M. Sardou à poursuivre en Amérique et au Canada tous les contrefacteurs.

Fait en triple et de bonne foi, à Paris, le 10 décembre 1886.

Approuvé l'écriture :
Signé : V. SARDOU.

Pr. Franco-American Agency for Dramatic Literature (Limited).
Signé : Joseph ARON, *Président.*
François MONS, *Directeur.*

Article additionnel.

En dehors de la pièce intitulée le *Crocodile* et de celle, sans titre encore, qu'il se propose de donner après cela au Gymnase, lesquelles deux pièces sont acquises au contrat, M. Victorien Sardou se réserve le droit d'annuler le présent traité en ce qui concerne les quatre dernières pièces ou l'une d'elles, à la condition qu'il en fera notification par lettre recommandée, adressée au bureau de l'Agence à Paris, neuf mois, au plus tôt, après la livraison du manuscrit précédent.

De son côté, la Franco-American Agency for Dramatic Literature (Limited) se réserve, dans le même laps de temps, le même droit de résiliation.

Paris, le 10 décembre 1886.
Approuvé l'écriture :
Signé : V. SARDOU.

Pr. Franco-American Agency for Dramatic Literature (Limited).
Signé : Joseph ARON, *Président.*
François MONS, *Directeur.*

D'un commun accord, il est entendu et convenu entre M. A. de Castro, représentant de la Franco-American Agency, dûment autorisé, et M. Victorien Sardou, que la pièce que ce dernier écrit en ce moment et dont le rôle principal doit être joué par Mme Sarah Bernhardt est en dehors du présent traité.

Signé : A. DE CASTRO, Président. *Signé :* Vict. SARDOU.
Marly-le-Roi, 17 juillet 1887.

« Paris, le 4 mai 1889.

« Monsieur le Président,

« Mon Mémoire, déposé en ce moment à la Commission, explique assez clairement l'attitude, en 1886, du président de la Société des Auteurs en fonction à cette époque. Si cette attitude a été aussi correcte qu'elle devait l'être, ni vous, Monsieur le Président, ni aucun de vos collègues, après la lecture du mémoire en question, ne sauriez le moins du monde l'ignorer.

« Le premier, vous avez bien voulu comprendre en effet, — et les termes mêmes de votre lettre du 24 décembre dernier en témoignent assez hautement, — que c'est uniquement par égard pour la Commission et pour vous-même, qu'après la promesse formelle faite par M. Victorien Sardou de me faire remettre, par l'intermédiaire officieux de M. Gustave Roger, copie conforme du traité de 1886, modifié par M. de Castro, j'ai condescendu à considérer la discussion comme définitivement close.

« Lorsqu'à la date du 7 février dernier, je prenais la liberté de vous adresser copie de mes lettres du 10 janvier précédent à M. Gustave Roger, et du 15 du même mois à M. Victorien Sardou, je m'étais flatté, je l'avoue, d'avoir démontré de la façon la plus péremptoire que l'article de M. Sardou, paru dans le *New-York Herald,* m'avait seul, à mon réel regret, forcé une fois encore de reprendre la plume.

« Aujourd'hui, il me paraît résulter de la notification verbale faite à ma personne par M. l'agent général de votre Société, que le sens et l'intention de ma lettre en date du 7 février (avec son contenu), semblent échapper absolument à la Commission. Je dois, en conséquence, m'expliquer auprès de vous, Monsieur le Président, avec toute la netteté désirable, *non dans le but de réclamer* le bénéfice d'une seconde audience, mais uniquement pour éclairer, à l'aide d'un document irréfutable, la religion de la Société des Auteurs.

« Au cours de la séance du 21 décembre dernier, vous vous le rappelez sans nul doute, Monsieur le Président, après avoir exposé aux membres de la Commission le but et l'objet de la *Franco-American Agency,* je crus devoir, à propos de *la Tosca,* appeler votre attention sur ma lettre du mois d'avril 1888, transcrite à la page 35 de l'Appendice annexé à mon Mémoire. En pleine séance, M. Victorien Sardou, je dois à la vérité de le reconnaître, protesta avec la dernière énergie contre les allégations de M. Rosenbaum, trésorier et directeur de la *Franco-American Agency*. Il affirma tout d'abord que M. François Mons n'était nullement son agent à lui, Sardou, et qu'il n'avait jamais ni vu ni reçu la circulaire Mons datée de New-York, mai 1887, circulaire reproduite à l'Appendice de mon Mémoire, page 29. M. Sardou déclara enfin qu'il n'avait pas cru devoir me faire l'honneur d'une réponse, uniquement parce qu'il se croyait fort de son droit.

« Que la pièce *la Tosca* ait été demandée seulement en vue de Mme Sarah Bernhardt, cela est possible à la rigueur, mais il ne m'appartenait pas alors d'exprimer à la Commission mon opinion touchant le procédé, au moins inexplicable et à coup sûr incorrect, de M. de Castro. Quelle qu'ait pu être aussi, dans la conduite de cette affaire, la légèreté de ce dernier, autorisé ou non, un fait demeure indéniable, la copie conforme du traité de 1886, à moi remise le 24 décembre dernier par les soins de M. Roger, au nom de M. V. Sardou, ne faisait mention que de la cession d'une seule pièce.

« Que M. Sardou ait aujourd'hui en sa possession d'autres documents émanés de M. de Castro, rien, je l'affirme, ne saurait m'être plus indifférent. Lors de la remise du traité de 1886, M. Roger, sur ma demande s'il n'avait aucune autre pièce à remettre de la part de M. Sardou, m'a répondu négativement; cette réponse, que je n'avais nullement à tenir en suspicion, devait me suffire, et je m'en contentai.

« Or, quelle ne fut pas ma stupéfaction lorsqu'à quelques jours de là, je lus dans le *New-York Herald* de Paris, daté du 10 janvier dernier, l'article dont le titre ronflant s'étalait à la première page du journal : *Entrevue avec Sardou, — Sardou a le monopole de ses pièces, — Courtiers dramatiques,* etc., etc.

« M. Sardou, l'inspirateur de cet article, n'hésitait pas à assimiler tous ceux avec qui il avait traité, à des courtiers dramatiques de l'acabit de M. Mons.

« Si vous voulez bien vous rappeler, Monsieur le Président, en quels termes énergiques, au sein de la Commission, l'auteur de *Théodora* s'exprimait le 21 décembre dernier sur le compte de Mons, vous ne vous étonnerez pas, j'en ai la conviction, de ma surprise et de mon indignation, et vous comprendrez aisément que j'aie cru de mon devoir de relever hautement un propos aussi offensant que mal fondé, *sans vouloir exprimer s'il ne jurait pas quelque peu avec les termes de la lettre que vous avez bien voulu, Monsieur le Président, me faire l'honneur de m'adresser.*

« Au surplus, l'opinion de M. Sardou, en ce qui concerne la *Franco-American Agency*, paraît avoir singulièrement varié. Qu'il me soit permis de rappeler, par exemple, l'entrevue publiée dans le *New-York Herald* du 13 février 1886, transcrite également dans mon Mémoire, page 17 de l'Appendice, entrevue au cours de laquelle les sentiments de M. Sardou à l'égard de la Société dont j'étais alors le président, se font jour d'une manière tout à la fois si enthousiaste et si flatteuse. Peut-être, à vrai dire, la libéralité au moins exagérée du représentant à Paris de la *Franco-American Agency* de New-York était-elle pour quelque chose dans les manifestations élogieuses de cette époque. Une avance de 22.000 francs consentie sur ses droits d'auteur pour une pièce gardée dix-huit mois en portefeuille, faute d'avoir pu l'écouler, même avec le puissant appui de M. James Gordon-Bennett, qui en possédait le *copy right,* était bien de nature à entretenir votre éminent confrère dans des dispositions si favorables, encore qu'éphémères.

« A coup sûr, si M. François Mons, d'autant plus généreux que sa libéralité ne lui coûtait absolument rien, — au contraire — a été traité dédaigneusement de courtier dramatique par M. Sardou, ce dernier était à mille lieues alors d'employer les mêmes qualificatifs malsonnants à l'égard des membres de la *Franco-American Agency*.

« J'ai fini, Monsieur le Président, cette lettre déjà trop longue : permettez-moi seulement, avant de la fermer, de présenter une simple observation tout à fait connexe à mon sujet.

« En 1886, au début même des opérations de la *Franco-American Agency,* M. Victorien Sardou était sans conteste, parmi ses confrères, le seul qui pût se flatter d'être au courant des mesures à employer pour la sauvegarde sérieuse aux États-Unis des intérêts des Auteurs dramatiques français. Mieux que personne, il était à même de se rendre compte du *modus imperandi* à prendre et n'avait nul besoin, au fond, de l'aide de la *F. A. A.* La preuve, c'est qu'alors que MM. Augier, Dumas et tant d'autres à leur suite, laissaient imprimer leurs œuvres, il se gardait scrupuleusement lui, de les imiter, n'ignorant en aucune manière l'esprit et la lettre des règlements qui en Amérique protègent les manuscrits au détriment des ouvrages imprimés, lesquels tombent par le fait seul de l'impression dans le domaine public.

« Et, entre parenthèses, Monsieur le Président, je me plais à le constater, j'ai d'excellentes raisons, à l'heure qu'il est, pour espérer une réforme prochaine de cette situation souverainement injuste et spoliatrice à tous égards. Avant qu'il soit longtemps, j'en ai la ferme conviction, toutes les propriétés littéraires, indistinctement, seront protégées aux États-Unis aussi efficacement qu'elles le sont en France.

« Quoi qu'il en soit, ce que je tiens surtout à retenir ici, c'est, à l'égard de M. Sardou, sa connaissance approfondie des procédés usités, en matière de propriété littéraire, de l'autre côté de l'Atlantique, M. François Mons, je vous l'affirme, ne lui a rien appris en 1886, attendu que bien antérieurement à la fondation de la *Franco-American Agency,* votre confrère, à l'époque où il vendait *Fédora* en manuscrit à *Fanny Davenport* et *Andréa* sous le nom d'*Agnès* à Mme *Tracy,* avait su peser, avec une compétence rare, le fort et le faible de la législation en vigueur en Amérique. Et ce fut même à propos d'*Andréa* qu'intervint une décision des plus importantes de l'honorable M. Van Vorst, juge à New-York, décision reproduite tout au long dans le premier ou le second numéro de la *Dramatic Review* et dont j'ai eu l'honneur d'adresser le texte à la Commission des Auteurs dramatiques.

« Veuillez agréer, je vous prie, Monsieur le Président, l'assurance de ma respectueuse considération.

« Joseph ARON.

« M. le Président de la Société des Auteurs et Compositeurs dramatiques, 8, rue Hippolyte-Lebas, Paris. »

« Paris, le 20 juin 1889.

« Monsieur le Président,

« Messieurs les Membres de la Commission de la Société des Auteurs et Compositeurs dramatiques, 8, rue Hippolyte-Lebas.

« Messieurs,

« J'ai l'honneur de vous accuser *directement* réception de la lettre par laquelle, à la date du 24 mai dernier, M. l'Agent général en exercice m'a remis, au nom de la Commission de la Société des Auteurs et Compositeurs dramatiques, un extrait du procès-verbal de la séance du 17 mai.

« Cet extrait, dont l'envoi m'a été d'autant plus agréable qu'il me fournit l'occasion d'exprimer le regret de n'avoir pas reçu, comme je l'eusse souhaité, celui de la séance du 21 décembre dernier, était libellé comme suit :

SOCIÉTÉ
des
AUTEURS ET COMPOSITEURS
Dramatiques
8, rue Hippolyte-Lebas, 8

Commission

« Paris, le 24 mai 1889.

« M. Joseph Aron, 30, rue Bergère.

« Monsieur,

« Je suis chargé, par la Commission de la Société des Auteurs et Compositeurs dramatiques, de « vous transmettre un extrait du procès-verbal de la séance du 17 mai courant.

« *Extrait du procès-verbal de la séance du 17 mai 1889.*

« Lettre de M. Joseph Aron, contenant un Mémoire relatif aux affaires de la *Franco-American* « *Agency For Literature Limited.*

« La Commission, après avoir pris connaissance de cette lettre, considérant que la réclamation « qui y est formulée a trait à des affaires qui intéressent uniquement l'Agence franco-américaine et « MM. Aron et Sardou, décide qu'elle n'a pas à s'en occuper et passe à l'ordre du jour.

« Agréez, Monsieur, l'assurance de ma considération la plus distinguée.

« *L'Agent général en exercice,*
Signé : DEBRY.

« Dans le but d'éviter un malentendu que le texte du procès-verbal, reproduit ci-dessus, me paraît continuer et aggraver, sans doute par le fait d'une lecture trop peu approfondie de ma lettre du 4 mai

1889, permettez-moi de faire remarquer, en passant, Messieurs, que la lettre dont il s'agit n'était accompagnée d'*aucun Mémoire*. Le seul Mémoire, en effet, déposé par moi entre les mains de la Commission, portait la date de décembre 1888, et ce ne peut être que par suite d'une regrettable erreur qu'il y est fait allusion dans le document dont M. l'Agent général vient de m'adresser l'extrait en votre nom.

« En ce qui concerne ma dernière lettre, adressée à M. Camille Doucet, alors président de la Commission des Auteurs, je dois à la vérité de reconnaître que je ne pouvais deviner alors que les suffrages de la Société des Auteurs dussent se porter sur l'honorable M. Victorien Sardou. Peut-être, si j'avais su prévoir ce résultat, ma communication eût-elle été transmise, non au Président, mais à l'un des vice-présidents de la Commission.

« Quoi qu'il en soit, cette communication, Messieurs, ne formulait *aucune réclamation* de ma part, elle était muette également sur toute demande d'une immixtion quelconque de la Société des Auteurs, dans le différend survenu entre M. Sardou et moi. Elle avait été, je le répète, écrite spontanément à l'honorable M. Camille Doucet, parce que M. l'Agent général m'avait fait comprendre, au cours d'une notification verbale, que le sens aussi bien que l'intention de ma lettre du 7 février dernier (avec son contenu) avaient semblé, à ma grande surprise, échapper absolument aux membres de la Commission qui, cependant, *avaient été témoins* des déclarations faites par M. Sardou le 21 décembre 1888.

« Quant au fait de l'élection, comme président de la Commission des Auteurs, de M. Victorien Sardou, dont le nom est revenu si souvent sous ma plume, au cours de mon Mémoire, il est trop clair que je n'ai rien à en dire, quelque opinion que je puisse avoir d'ailleurs à ce sujet. Cette élection prouve simplement que, contre mon attente, l'attitude et la conduite de M. le Président de la Société des Auteurs et Compositeurs dramatiques, en 1886, ont reçu postérieurement l'approbation de la Commission, et que celle-ci, malgré les explications par moi fournies à la séance du 24 décembre 1888, séance dont elle n'a pas cru devoir non plus me communiquer le compte rendu officiel, n'a trouvé ni déloyal, ni même incorrect l'article du *New-York Herald* du 10 janvier 1889, article évidemment inspiré, sinon écrit, par M. Victorien Sardou lui-même, et dont les conclusions paraissent si fort en contradiction avec celles de la lettre de l'honorable M. Camille Doucet, du 24 décembre dernier.

« En vous présentant ces courtes protestations, Messieurs, je tenais surtout à dissiper toute espèce d'équivoque au sujet de l'attitude que je me fais honneur d'avoir prise vis-à-vis de la Commission des Auteurs dès les premières phases du débat engagé entre M. Victorien Sardou et moi, à propos des opérations de la *Franco-American Agency*.

« Si j'ai pris la liberté de vous engager à vous reporter au texte même de ma lettre du 4 mai dernier, c'est qu'en effet je voulais, je ne saurais trop insister sur ce point, établir clairement qu'il n'existait dans ma pensée aucune connexité entre mes griefs personnels contre l'éminent auteur de *Théodora* et le bien fondé de mes observations antérieures, basées uniquement sur l'importance que je n'ai jamais cessé d'attacher, avec un désintéressement auquel l'honorable M. Camille Doucet a bien voulu rendre un public hommage dans sa lettre du 24 décembre 1888, à tout ce qui touche les intérêts des auteurs français aux États-Unis. Et, sans doute aussi, il ne vous paraîtra pas inutile, Messieurs, l'honorable Président actuel de votre Commission étant directement mis en cause, de faire remettre à chacun des membres de la Commission des Auteurs, le texte imprimé de mon Mémoire de décembre 1888, dont cent exemplaires ont été remis par moi à M. l'Agent général, et dont la lecture ne peut qu'éclairer singulièrement leur religion.

« Veuillez agréer, Messieurs, l'assurance de mon profond respect.

« Joseph ARON »

APPENDICE IV

Commission rogatoire pour M. Victorien Sardou devant le Consul général des États-Unis.

1re *question posée par le Consul.* — M. Mons a-t-il été pour vous, comme pour les autres auteurs français et pour les journaux de Paris, le premier fondateur et le vrai créateur de l'entreprise connue sous le nom de la Franco-American Agency, etc.?

Réponse de M. Victorien Sardou. — **Oui.**

D. — Est-il considéré par vous comme l'homme de cette idée et comme le rédacteur réel, et expert en la matière, du journal de théâtres que publiait cette agence?

Réponse de M. V. Sardou. — **Oui.**

D. — M. Mons a-t-il eu des pièces jouées sur les grandes scènes de Paris...?

Réponse de M. V. Sardou. — **Oui.**

D. — Auriez-vous confiance en M. Mons pour le soin de vos pièces en Amérique, soit pour les modifications à y apporter sur vos indications, soit pour leur mise à la scène?

Réponse de M. V. Sardou. — **Entièrement.**

D. — Avez-vous toujours été payé de vos droits d'auteur en Amérique pour les contrats passés avec la *Franco-American Agency*, etc., tant que M. Mons est resté en possession de son poste de directeur littéraire de ladite agence?

Réponse de M. V. Sardou. — **Oui.**

D. — Et maintenant, depuis sa dépossession, êtes-vous payé régulièrement et intégralement?

Réponse de M. V. Sardou. — **Je ne le crois pas.**

D. — Quand, un an après la constitution de la *Franco-American Agency*, etc., M. Mons est retourné à Paris et qu'il a obtenu de vous un traité pour vos six prochaines pièces, ne lui avez-vous pas dit que vous consentiez, mais à la condition de vous réserver une porte de sortie, dans le cas où lui, Mons, le seul que vous connaissiez, disparaîtrait de l'affaire qu'il avait fondée?

Réponse de M. V. Sardou. — **C'était mon avis.**

D. — N'avez-vous pas, depuis lors, profité de cette porte de sortie pour refuser à la *Franco-American Agency* votre nouvelle pièce *La Tosca?*

Réponse de M. V. Sardou. — **Certes, oui.**

D. — N'avez-vous pas chargé M. Mons de vous servir de négociateur et d'intermédiaire en Amérique, pour cette pièce, aux lieu et place de la *Franco-American Agency*, avec la commission pécuniaire usitée pour ces négociations?

Réponse de M. V. Sardou. — **Oui.**

D. — M. Mons a-t-il terminé et mené à bien ces négociations?

Réponse de M. V. Sardou. — **Oui.**

D. — En votre âme et conscience, M. Mons était-il la cheville ouvrière de l'entreprise dite *Franco-American Agency*, etc.?

Réponse de M. V. Sardou. — **Entièrement.**

(1) Lire dépêche Sardou à Mons, 9 Décembre 1887, p.58.

APPENDICE V

LISTE A

Çâbles envoyés de septembre 1886 à mars 1887, par Victorien Sardou à François Mons, au bureau de la Franco American agency, 23, Union SQ., 23, New-York.

(Chaque mot d'un câble pour l'Amérique coûte 1 fr. 25 !!)

De Marly-le-Roi, 21 septembre 1886 :

Olcott demande autorisation modifier traduction *Théodora*. J'autorise. Elle m'a montré des absurdités dans cette traduction. Avez bien mal choisi traducteur. Amitiés. SARDOU.

De Paris, octobre 1886 :

Enchanté nouvelle. Lecture pièce nouvelle grand succès espère vous donner si Mayer écrit répondez pas à ses offres. SARDOU.

De Paris, le 24 octobre 1886 :

Ai repris propriété *Crocodile* pour Amérique viendrez-vous prochainement. SARDOU.

De Paris, le 26 octobre 1886 :

Première pas avant fin novembre câblerai pour répétition apportez toutes affiches *Théodora* avec images. SARDOU.

De Paris, 26 janvier 1887 :

Mise scène part lettre suivra. SARDOU.

De Paris, le 13 février 1887 :

Surpris pas recevoir lettre annoncée. Recettes très remontées pièce ira bien au delà centième. SARDOU.

De Paris, le 3 mars 1887 :

Rien Nice écrirai demain pièce ira cent cinquante fois. SARDOU.

De Paris, le 19 mars 1887 :

Reçu lettre répondrai quand apprendrai contrat le *Crocodile* signé. SARDOU.

De Paris, le 21 mars 1887 :

Vous ai écrit surpris pas reçu lettre depuis ai envoyé télégramme. SARDOU.

De Paris, le 24 mars 1887 :

Ai pas ordre à donner au M. A. télégraphie vous expulse ai demandé où en était contrat mise en scène documents ballets, vola, tout en somme tout cela m'ennuie beaucoup demande la paix lettre suit, SARDOU.

24 mars 1887 :

Remettez tous documents et mise en scène à Castro sinon gâterez tout ce que veux faire pour conciliation dans lettre que lui écris demain. SARDOU.

De Paris, le 26 mars 1887 :

Attendez effet lettre avant agir violemment impossible comprendre nouvelle adresse. SARDOU.

LISTE B

Câbles envoyés par Victorien Sardou à François Mons, à sa demeure privée, 128, W. 23 ST., New-York, de septembre 1897 à décembre 1897.

De Paris, le 8 septembre 1887 :
Très important tenir secret contenu lettre que recevrez aux premiers jours. SARDOU.

De Paris, le 26 septembre 1887 :
Envoie argent demandé par chèque impossible autrement. SARDOU.

De Paris, le 28 septembre 1887 :
Avez-vous reçu dépêche. SARDOU.

De Paris (sans date).
Attendrai au 10 octobre contrat et argent manuscrit sera prêt mais indispensable toucher argent cette date autrement traiterais avec vôtre utile en effet que vissiez première avez-vous stipulé commission pour vous payable par Davenport. Castro pas ici et viendra pas. SARDOU.

De Paris, le 10 novembre 1887 :
Je câble Davenport comme désirez article *Figaro* aujourd'hui regrettable me force à démentir et va exciter mécontentement Commission faites silence avant procès jugé. SARDOU.

De Paris, le 12 novembre 1887 :
Pourquoi câble théâtre retard priez Prevel se taire attendez lettre et supprimez vite prospectus absurde Commission très justement irritée article Prevel vous assomme (1). Première du 15 au 20. SARDOU.

De Paris, le 26 novembre 1887 :
Davenport a-t-elle payé prime. SARDOU.

De Paris, le 28 novembre 1887 :
Répondez donc si Davenport a payé prime. SARDOU.

De Paris, le 5 décembre 1887 :
Reçois votre lettre attendez réponse important fâché que ayez pas répondu à temps aux deux dépêches et que ayez composé avec Davenport avais déclaré à sa sœur que si payait pas 10 pour 100 jamais ferais plus affaires avec elle. SARDOU.

---

1. Voici l'article du *Figaro*, du jeudi 10 novembre 1887 :

« Nous avons de bonnes nouvelles d'un de nos compatriotes, M. François Mons, qui est parti, il y a quelques années, pour New-York, où il avait à cœur d'installer ou — pour ne soulever aucune réclamation — d'aider à installer une Agence dramatique qui avait pour but d'acheter, de traduire et de faire représenter là-bas les pièces françaises jugées dignes de cet honneur.

« La discorde éclata bientôt parmi les membres directeurs de l'Agence, et, comme cela arrive presque toujours, ce fut l'homme qui avait trouvé l'idée, qui l'avait mise en action, qui l'avait transportée dans le Nouveau-Monde, M. François Mons, en un mot, qui fut renvoyé de sa maison. Il lutta longtemps, il défendit son œuvre pied à pied, mais il fut renvoyé tout de même.

« Notre confrère ne se tint pas pour battu : il eut le courage d'entamer, dans ce pays où la procédure est longue et surtout coûteuse et difficile pour les étrangers, un procès... qui va enfin être jugé et qu'il gagnera, nous l'espérons de tout notre cœur.

« M. Victorien Sardou, fut, à Paris, un des premiers à patronner M. Mons, à encourager son idée, à la soutenir. Il lui est resté fidèle au milieu de ses pires déboires. Il a quitté la première Agence avec crânerie, et a laissé à M. Mons ses pleins pouvoirs pour agir comme il l'entendrait.

« Cette preuve de confiance est déjà récompensée : M. François Mons a placé la *Tosca*, moyennant 150.000 francs avant la première. C'est Mme Fanny Davenport, qui joue depuis quatre ans Fédora, qui s'en est rendu acquéreur. Tout est conclu, signé, payé.

« Notre vaillant compatriote ne s'arrêtera pas maintenant en si bon chemin. Il a trouvé à New-York **un demi million** pour fonder l'Agence de ses rêves, qui ne sera point un rêve, mais une belle et bonne réalité.

« M. Mons est attendu ces jours-ci à Paris. Il y viendra sans doute avec M. Price, directeur et mari de Mme Fanny Davenport, lequel tient à assister à la première de la *Tosca*.

« Jules PREVEL. »

Paris, le 9 décembre 1887 :

Reçois votre lettre et avis Pryce arrive verrai demain et agirai fortement pour prime commettez grosse erreur vous ai pas dit que vous nuirais pour procès mais que suis forcé à sévérité devant Commission chose différente réponses au Consul loin de vous nuire si devez venir hâtez-vous.

SARDOU.

De Paris, le 12 décembre 1887 :

Vu Pryce qui paiera aura manuscrit mardi tâcherai que vous fasse payer demain venez-vous oui ou non. SARDOU.

De Paris, le 25 décembre 1887 :

Venez-vous avant 15 janvier dois m'absenter cette date affaires Amérique importantes câblez réponse si venez pas écrirai. SARDOU.

De Paris (sans date).

Obstacle imprévu rend traité impossible avec Davenport lui ai câblé vous écrirai détails fâché pour vous et moi aussi qui y perds beaucoup. SARDOU.

De Marly-le-Roy (sans date)

Télégramme même adresse revenu avant-hier avec adresse inconnue croyez expédié par câble commercial. Commission votera pas fonds condamnera puis rien pour vous si étiez ici avec Castro empêcherais procès devez venir à tout prix rien possible de loin. SARDOU.

De Paris (sans date).

Ai reçu hier offre 100.000 comptant semaine prochaine donnerai préférence Davenport mais conditions payer comptant même délai bien entendu que tenaite me réserve représentations françaises Sarah mêmes conditions générales que traité *Théodora*. SARDOU.

LISTE C

Câbles envoyés par Victorien Sardou à François Mons, de janvier 1888 à décembre 1888, à New-York.

De Paris, le 3 janvier 1888 :

Toujours à côté question comprenez rien à votre situation venez et comprendrez vos erreurs Pryce doit vous payer à son arrivée irai Nice beaucoup plus tard. SARDOU.

De Paris (sans date) :

Augier a écrit d'accord avec moi tout en voie d'arrangement écrivez comme il conseille à moins que préfériez venir mais lettres vaudraient mieux que présence avez dû recevoir lettre de votre beau-père explicative. SARDOU.

De Paris, le 19 mars 1888 :

Recevrez argent cette semaine écrirai dans deux ou trois jours. SARDOU.

De Paris, le 21 mars 1888 :

Impossible traité Daly prochaine pièce qui appartient Agence remplacement *Tosca* serai libre seulement après avec intervalle neuf mois ou pour toute pièce non jouée à Paris lettre suivra expliquant.

SARDOU.

De Paris, le 22 mars 1888 :

Allez toucher argent chez Heidelbach Ickelheimer et avisez lettre partira demain.

SARDOU.

De Paris, le 24 mars 1888 :

Avez-vous touché argent. SARDOU.

De Paris, le 8 avril 1888 :

Votre intérêt procès soit retardé après Assemblée générale premiers jours mai. Dora grand succès Devaux excellent pars pour Nice pour quinze jours lettre suit. SARDOU.

(1) Sardou a tenu sa promesse à Mons V. p.55. Commission rogatoire.

De Paris, le 3 mai 1888 :
Rentré Paris hier seulement trouve lettres et dépêches. Assemblée générale hier votre nom pas même prononcé vous répondrai demain. SARDOU.

De Paris, le 16 mai 1888 ;
Expédie ce matin deux mille. SARDOU.

De Paris, le 18 octobre 1888 :
Daly prend deux pièces plus celle avec Deslander Gymnase, Langtry venu pour acheter grande pièce si Daly prenait pas. Attends Castro ou retourne traité signé pour lui écrire dites que fait rien avec Roosevelt. SARDOU.

De Paris, le 17 décembre 1888.
Rappelant souvenir crains Fereol ait été vendu à French fais recherches nouvelles Marly câblerai résultat argent jeudi. SARDOU.

LISTE D

Télégrammes français de Victorien Sardou à François Mons. — Télégrammes et câbles envoyés à François Mons, aux soins de Victorien Sardou, de juin 1888 à septembre 1890.

De Marly, le 3 juin 1888 : à François Mons, Hôtel Bade Bd. Ital-Paris.
Vais mieux pouvez venir. SARDOU.

De Marly, le 13 juillet 1888 : à F. M. (même adresse).
Partirai pas ce soir par cinq heures cinquante venez demain ou dimanche train une heure. SARDOU.

De Marly, le 27 juillet 1888 : à F. M. (même adresse).
Dépêche Castro point plaisanterie si croyez que vous trompe nommez représentant qui vérifiera documents ai répondu que comprenais pas comment neuf mois faisaient trois semaines et que désirais savoir combien de fois joué et en quels mois attend si Cunningham offre acceptez. SARDOU.

De Marly, le 28 juillet 1888 : à F. M. (même adresse).
Venez demain une heure. SARDOU.

De Marly, le 7 août 1888 : à F. M. (même adresse).
Arrangement fait avec Castro venez demain. SARDOU.

De Marly, août 1888 : à F. M. (même adresse).
Venez demain par une heure attends Grau par deux heures vingt-cinq. SARDOU.

De Marly, le 10 août 1888 :
Vous attends lundi. SARDOU.

De Marly, le 13 août : à F. M. (même adresse).
Daly retarde à cause Chizzola ferez bien parler énergiquement vos retards m'ennuient fixez plus aucun jour. SARDOU.

De Marly, le 21 août 1888 : à F. M. (même adresse).
Pouvez venir demain par deux heures et demie mais inutile si c'est avec espoir réduirai prix convenu cent cinquante ou rien. SARDOU.

De Marly, le 22 août 1888 : à F. M. (même adresse).
Vu temps incertain trouverez voiture gare arrivée trois heures vingt reconnaîtrez à postillon. SARDOU.

De Marly, le 24 août 1888 : à F. M. (même adresse).
Venez train deux heures et demie. SARDOU.

Câble d'Amérique, 5 mars 1890 — Mons 37 rue Général Foy, Paris — New-York

De Marly, Mons, Hôtel de Bade — 8 septembre 1888.
Sachez si Rosevelt retour et télégraphiez si habite toujours hôtel Meyerbeer, avenue Montaigne.
SARDOU.

De Marly, le 5 août 1889 — Mons, rue Jardin Renard, Sannois (Seine-et-Oise).
Venez demain mardi rue Général Foy 9 heures. SARDOU.

De Marly, le 11 août 1889 — Mons à Sannois.
Apportez demain lettres Nathal dix heures demie rue Général. SARDOU.

De Marly, le 23 août 1889 — Mons à Sannois.
Soyez rue Général demain dix heures. SARDOU.

Câble envoyé de New-York à Mons, 37, Général Foy, Paris. 24 février 1890. Chicago.

Télégramme envoyé à Fr. Mons—Sannois—le 25 février 1890. Réponse via P. Q. Chicago.
SARDOU.

Câble envoyé à Mons résidence Sardou, 37, rue Général Foy, Paris de Chicago comme suit : 25 février 1890 — Philadelphia march twenty fourth New-York follow yantell.

Télégramme envoyé à Mons — Sannois — 25 février 1890.
Avez chez moi dépêche Chicago venez important. SARDOU.

Câble d'Amérique du 5 mars 1890 — Mons, 37, rue Général Foy, Paris — New-York.

Télégramme envoyé de Bois-Colombes — 13 mars 1896—Mons, 19, avenue Schutz-Daumain, Bois-Colombes (Seine).
Venez demain dix heures. SARDOU.

De Marly-le-Roi, 25 juin 1890, à Mons (même adresse).
Allez demain après-midi rue Général concierge vous remettra lettre. SARDOU.

De Marly, 1er septembre 1890 à Mons Café Napolitain B. Capucines.
Non pas libre fais partir pièces à Mayer. SARDOU.

De Marly, 6 septembre 1890 — Mons Bois-Colombes.
Très surpris avoir pas encore réponse à lettre envoyée avant-hier soir besoin être fixé pour demain.
SARDOU.

De Marly, 11 septembre 1890 — F. Mons Bois-Colombes.
Venez tantôt. SARDOU.

Câble envoyé de Cleveland (États-Unis) — Mons, 37, rue Général Foy, Paris — Dont understand.

Nota. — Il paraît que l'illustre Président de la Société des Auteurs ouvrait les câbles de M. Mons puisque sur ce câble il y a écrit de la main de l'illustre Académicien : « Je suis horriblement souffrant brochite, laryngite, coqueluche. SARDOU. »

APPENDICE VI

Mémoire de François Mons.

Paris, le 30 janvier 1896.

A Monsieur le Président,
A Messieurs les Membres de la Commission de la Société des Auteurs et Compositeurs dramatiques, Paris.

Messieurs,

J'ai eu l'honneur de vous télégraphier vendredi dernier, en sortant de chez un « homme d'affaires », pour vous prier d'ouvrir une enquête sur la conduite envers moi de M. Pellerin, agent général de la Société des Auteurs et Compositeurs dramatiques. Mon émotion et ma stupéfaction étaient même telles, à ce moment, que je crus devoir réclamer de votre équité une autre enquête sur tout ce qui s'est passé depuis la fondation de la *Franco-American Agency*, de New-York, c'est-à-dire depuis le 1er janvier 1886. — Je persiste dans ma double requête ; depuis plus de huit ans, je suis sous le coup de toutes les suspicions et de toutes les calomnies. Les anciens d'entre vous se rappellent peut-être un peu les faits, mais la Commission se renouvelle petit à petit et les nouveaux élus, grâce au vague des légendes et à leur soigneux entretien par l'entresol de la rue Hippolyte-Lebas, peuvent, de très bonne foi, croire que j'ai pris de l'argent aux auteurs dramatiques, alors qu'il est constant que j'ai poursuivi le but contraire et que, dans tous les cas, je leur ai montré la route, parfaitement inconnue jusqu'à moi, de l'Amérique théâtrale.

Pendant huit ans je me suis tu, pour les motifs que vous verrez plus loin. Je me serais tu encore, toujours même, si mon affaire de la *Belle Grêlée* ne m'avait trop clairement prouvé de quelles haines incroyables je suis entouré — et même poursuivi.

Les auteurs nouveaux, les journalistes, les directeurs de théâtre et le public sont convaincus que la Commission des Auteurs et Compositeurs dramatiques m'a **flétri**, par une circulaire signée Alb. Delpit et Alb. Valabrègue, pour avoir sans doute volé de l'argent aux auteurs, dérobé leurs manuscrits, trahi leurs intérêts, tout enfin !... Cependant, il n'en est rien. — **C'est pour avoir écrit au président de la « Franco-American Agency », à New-York, que j'avais versé des sommes à quelqu'un de la Commission des Auteurs pour m'assurer un vote favorable à l'entreprise américaine** (1), que j'ai été flétri par la Circulaire signée Delpit et Valabrègue. — Delpit, qui avait débuté la même année que moi à l'Odéon, n'est pas mort sans me tendre les mains et sans me manifester ses regrets ; quant à Valabrègue, un mois à peine après avoir signé ma **flétrissure**, il rédigeait et signait également le procès-verbal de votre séance sur M. Robida et la *Sécurité des Familles*... De ce côté-là, la justice immanente ne s'était pas fait attendre.

Que j'aie eu le plus grand tort d'écrire cette lettre au président de la *Franco-American Agency*, que je l'aie amèrement déplorée, que je l'aie plus qu'expiée, certes oui. — Mais que mon supplice ait été en proportion de mon imprudence, mais que j'aie été réellement coupable de mensonge et de diffamation, non !... M. Victorien Sardou, pour ne citer qu'une autorité bien digne de foi, ne me crut jamais coupable. Il me le dit souvent et me le prouva longtemps, après ma prétendue flétrissure.

M. Valabrègue, lui, alla plus loin. **En même temps** qu'il signait la circulaire contre moi, il me télégraphiait à New-York de lui chercher acquéreur, à 25.000 francs, pour la *Sécurité des Familles !...*

---

1. Voir Appendice VII, page 69, la reproduction de cette lettre.

Et maintenant, les faits :

Messieurs, au même moment qu'il m'arrivait aux oreilles que le Théâtre de la République se préparait à représenter la *Belle Grêlée*, je recevais la nouvelle de l'agonie de ma mère à Toulouse. — Je n'ai pas besoin d'insister pour vous persuader que je trouvai partout porte close. — Le surlendemain, la dépêche m'annonçant la mort m'arriva. Désespéré, je pensai alors à M. Joseph Aron, auquel j'avais fait perdre beaucoup d'argent et qui ne dissimulait pas ses griefs contre moi. (C'était de lui, Messieurs, tout l'argent versé aux acteurs français.) Je l'avais, il faut bien l'avouer, entraîné dans une mauvaise entreprise. Mes comptes établissent, en effet, que je lui ai pris 80.000 francs rien que pour les auteurs dramatiques : 22.000 francs pour *Théodora*, 6.600 pour *Martyre!*, 2.000 pour *Germinal*, 2.000 pour l'*Idole*, 10.000 pour le *Crocodile*, 1.000 en simple cadeau à M. Alphonse Daudet, etc., etc. (1).

Malgré cela, dans plusieurs circonstances difficiles, j'avais déjà trouvé chez M. Aron plus de cœur et de bienveillance que chez ceux que j'ai obligés ou servis; je recourus donc à lui, et il consentit à me prêter le nécessaire pour ces jours de deuil et de désespoir... J'en vins à lui raconter l'histoire de ma *Belle Grêlée*, acceptée par Alexis Bouvier, l'auteur du roman de ce nom sur lequel j'avais travaillé; malheureusement, j'avais égaré deux ou trois lettres de Bouvier qui étaient mes seules preuves. M. Aron se souvint alors qu'il en avait deux en mains, et il me les remit avec plaisir; il consentit, en outre, pour m'aider, à m'acheter mes droits sur cette pièce, moyennant une somme plus que suffisante et établie sur des chèques réels. C'est ainsi que je pus revendiquer utilement mes droits devant vous.

J'avoue, Messieurs, que je croyais n'avoir qu'à produire les lettres de Bouvier (qui sont entre vos mains) pour obtenir **de plano** gain de cause. En effet, j'eus la satisfaction de me trouver, par deux fois, devant un vrai « tribunal de famille », ainsi que M. Ludovic Halévy appelait, en 1887, votre Commission. Mais quel ne fut pas mon étonnement, à ma dernière **comparution**!... (Ce fut, en vérité, une véritable comparution.) — « J'avais volé la pièce à Bouvier », ou à peu près, « je pratiquais le vol à l'américaine; je n'avais droit à rien, etc., etc. »

Dix ans auparavant, au mois de janvier 1886, j'étais assis dans le même fauteuil qu'au mois de janvier 1896. M. Victorien Sardou occupait aussi celui de président... En 1886, il me complimentait d'avoir poursuivi et essayé de détruire « le vol à l'américaine » et de protéger efficacement en Amérique les pièces des auteurs français ! — Il est vrai qu'en 1886, entre le 10 janvier et le 5 février (jour où la Commission daigna m'approuver officiellement), j'avais versé 20.000 francs à M. Sardou et 2.000 à M. Gustave Roger, par l'entremise de MM. Lazard frères, beaux-frères de M. Aron, en échange de *Théodora*, dont le manuscrit était, depuis des mois et des mois, entre les mains de M. J. Gordon-Bennett, directeur du *New-York Herald*, pour être vendu en Amérique...

Aujourd'hui, je suis un vaincu; je ne puis momentanément vendre aucune pièce; d'ailleurs, **depuis moi**, M. Sardou n'a plus besoin de **moi**. — Il y a dix ans, il disait dans le *New-York Herald* ces mots que je traduis textuellement; c'était une réponse au correspondant de ce journal, qui lui demandait s'il ne craignait pas d'être volé pour *Théodora* :

---

1. M. Mons oublie, dans la liste de ses libéralités, l'illustre publiciste, Henri Rochefort, qui reçut bel et bien de l'argent venant de ma bourse et non de celle de Mons, pour une pièce : l'*Irlandaise*. Dans le contrat entre Rochefort et Mons, aucune mention n'est faite de l'avance que reçut Henri Rochefort.

Mons m'écrivit, le 24 août 1886 :

« Le placement de l'*Irlandaise* est absolument sûr pour le mois d'octobre. La pièce est excellente et il ne serait pas surprenant qu'elle durât plus d'une année. Le manager (directeur de théâtre) est un nouveau qui prépare sa troupe et ses affiches et qui, grâce à l'appui du Comité Irlandais, en fera un grand succès... »

Le 4 octobre suivant, Mons m'écrit :

« L'*Irlandaise* passe le 18. Nous lui faisons une réclame énorme...

« ... Tout le monde compte sur un grand succès. Voulez vous être assez bon, quand vous recevrez notre dépêche, le lendemain de la première représentation, de la communiquer simultanément au *Figaro*, au *Gaulois*, à l'*Événement*, au *Gil-Blas* et au *Voltaire*. Ces journaux finiront, sans cela, par se fâcher. Nous n'avons pas reçu des clichés de Rochefort, Halévy et Valabrègue. Le premier et le dernier sont aujourd'hui indispensables. »

REMARQUE. — L'*Irlandaise* fit un four complet. Les journaux eurent des articles épouvantables, et le jeune impresario, entraîné par l'éloquence de Mons et Nathal, fut ruiné complètement. J. A.

« Je ne le crains pas le moins du monde! J'ai conclu un arrangement avec la *Franco-American Agency*, qui consent à faire toutes les dépenses de la production. Elle devra traduire la pièce et la faire produire en Amérique; je lui ai remis mon manuscrit, elle prendra un **Copyright** à mon nom et elle me garantit le respect de mes droits. La Société des Auteurs dramatiques français, dont je suis le président, a accordé une entrevue à M. François Mons, qui représente la *Franco-American Agency*, et nous avons tous la plus grande confiance dans le système qu'il nous a exposé... »

Messieurs, je ne me plains nullement de la sentence arbitrale de la Commission ; d'ailleurs, je l'avais sollicitée. Mais, alors que je croyais rencontrer devant moi la bienveillance, les raisonnements d'un chef de famille, je me suis entendu traiter comme si j'avais été M. Valabrègue réclamant des droits sur l'*Abbé Constantin !*...

Il m'a été dit, entre autres choses : « Attendu que vous n'avez droit à rien, la Commission vous alloue le tiers de la part de l'auteur du roman... »

Or, Messieurs, vous aviez — et vous avez encore — sous les yeux l'adhésion, le témoignage de satisfaction et le reçu de Bouvier. Le principal, le seul intéressé était content de moi et prenait mon manuscrit... et je m'entendais blâmer devant vous!

J'avoue que je n'ai eu aucun scrupule à accepter cette part de droits; je sais fort bien que si vous me l'avez allouée, même réduite au minimum, c'est qu'elle m'était très bien due. Quant à l'accusation du vol de pièces françaises, adressée à moi l'inventeur du contraire, je suis convaincu qu'elle n'a trouvé aucun écho nulle part et que, en 1886, lors de *Théodora* et du *Crocodile*, M. Sardou pensait d'une façon tout à fait différente. Cela me suffit, sur ce point.

Enfin, Messieurs, me voilà donc avec une part de droits. Cette part est infime, mais je l'ai. Il s'agit de quelques centaines de francs, en tout; on a dû me les accorder. Maintenant, comment faire pour que je n'en profite pas? Tout le monde me sait pauvre; il n'importe, **il ne faut pas que je touche un sou!**

C'est ici qu'apparaît M. Pellerin.

M. Pellerin, ex-avoué à Paris, ayant vendu son étude extrêmement tôt, bien avant l'âge où l'on quitte, d'habitude, une aussi belle et aussi enviable situation, M. Pellerin est l'agent dramatique dont je suis le client. Il n'a aucun plaisir à s'occuper de mes affaires, aussi se rattrape-t-il en les faisant contre moi. De mon côté, je ne suis son client que par force, parce que j'étais celui de M. Péragallo et de M. Debry. Comme il n'y a pas là de remède, M. Pellerin aurait dû faire contre mauvaise fortune bon cœur et accomplir simplement son mandat; je ne lui demandais ni zèle, ni dévouement, mais tout simplement le sentiment du devoir. Je suppose que pendant sa rapide carrière d'officier ministériel il a bien servi les plaideurs ses clients : or, cette loyauté est encore plus nécessaire ici, où nous n'avons pas le choix entre de nombreuses études.

Nos prédécesseurs dramatiques de 1829 ont évidemment eu un but en instituant les Agents généraux : celui de donner un protecteur naturel et éclairé à chaque auteur. Certes, entre deux de ses clients, que M. Pellerin m'eût desservi pour servir mon adversaire, fort bien! La nature humaine est toujours là et a ses préférences; mais entre moi et un de mes créanciers, c'est à moi que le concours de mon Agent général aurait dû aller, — alors surtout qu'il s'agissait d'une dette de jeu, vieille de seize ans, et d'un jugement par défaut, obtenu il y a dix ans pendant une de mes plus longues absences de Paris.

Cependant, l'appui de M. Pellerin est allé à l'**étranger**, au créancier douteux de son client! Agissant ainsi comme avoué, il eût été poursuivi; aujourd'hui, il se trouvera quelques personnes pour le féliciter de sa bonne farce contre moi!

Mais vous, Messieurs, je suis convaincu que vous ne le féliciterez pas, et voici pourquoi :

Une fois en possession de ma petite part sur la *Belle Grêlée*, j'allai demander à M. Joseph Aron de me la laisser toucher, bien que je la lui eusse vendue ferme et que, en outre, il eut, lui aussi, antérieurement, mis opposition sur mes droits d'auteur éventuels. Je suis pauvre, M. Aron consentit et me donna l'autorisation d'aller encaisser **la première mensualité**...

M. Pellerin m'objecta l'autre opposition. — Elle est d'un M. Devriès, ancien tenancier d'un tripot fermé jadis par la police (cette opposition avait déjà contribué en partie à faire crouler la *Franco-American Agency*; cela, M. Sardou le sait aussi bien que moi).

— « Mais, dis-je à M. Pellerin, vous savez bien qu'en **référé** les créanciers n'obtiennent qu'un cinquième. — Soit, allez-y donc. » — Comme cela m'eût coûté 80 francs environ, je me rendis d'abord chez M. Devriès, qui m'ajourna au lendemain. Cependant, ce ne fut que quelques jours après qu'un

(1) Il va sans dire que je n'ai jamais vu M. Pellerin et qu'on ne peut rien m'attribuer ayant trait à lui. C'EST MONS QUI PARLE.

homme d'affaires alla voir M. Pellerin de la part de M. Devriès; M. Pellerin m'en avertit, me conseilla d'offrir un cinquième à ce créancier, ajoutant que d'ailleurs, sans même recourir au référé, le partage au marc le franc ne lui rapporterait pas plus que le cinquième, — M. Aron étant là pour beaucoup plus. — Mais ce fut en vain que j'insistai auprès de M. Pellerin pour prendre une petite somme, puisque, lui dis-je, le compte qu'il m'établissait était certain au marc le franc... Il me fallut courir chez l'homme d'affaires de M. Devriès, qui me répondit : « **De ma visite à M. Pellerin** j'ai rapporté cette décision que je ne saurais m'arranger avec vous pour le cinquième; j'exige 50 %. **Je sais** que vous n'oserez pas plaider! »

Déjà, la veille, au cours d'une conversation finale, M. Pellerin m'avait dit cyniquement « que je n'obtiendrais pas gain de cause, en référé : qu'on le questionnerait et que, quand il aurait dit au juge que je n'avais gagné que 5 ou 600 francs, le juge accorderait tous mes droits à mes créanciers... que l'on ne réduit les créanciers qu'en faveur des auteurs qui gagnent beaucoup d'argent... »

En dehors du monstrueux de cette doctrine du « Malheur aux pauvres! » je compris aisément que M. Pellerin ferait entendre au juge que je ne vis pas de mon métier d'auteur, que je n'ai là qu'une indemnité exceptionnelle, et qu'il est inutile de m'en laisser bénéficier.

(Cet odieux système serait mal tombé, ce me semble, la semaine même où je recevais des lettres de M. Jules Claretie et de M. Monval au sujet d'un *Roi Lear* que je soumets actuellement à la Comédie-Française. Cinq actes en vers représentent un effort et un labeur dont tout homme a le droit de se vanter.)

M. Pellerin avait, du reste, écrit une lettre très grossière à mon huissier, le menaçant du Parquet pour l'avoir osé sommer de réserver mes droits sur la *Belle Grêlée*. J'ai lu cette lettre. Pourtant M. Pellerin n'a rien envoyé au Parquet; il y eût, d'ailleurs, été drôlement reçu en présence des deux lettres de Bouvier, que vous avez en mains.

Si je ne vis pas (ainsi que le dit M. Pellerin) de mes travaux d'auteur dramatique, c'est justement parce que j'en suis empêché par l'Entresol de la rue Hippolyte-Lebas. Je pourrais citer plusieurs faits, mais je ne me risquerai pas à invoquer des témoignages qui pourraient chanceler devant vous. Un seul exemple me suffira : M. G. Roger, devant un bon de copie d'une pièce de M. X... et de moi, dit à M. X...

« Il ne vous faut pas collaborer avec M. Mons. »

M. X ..., pourtant, ne vous cacherait pas (du moins je l'espère) qu'il n'a jamais eu qu'à se louer de moi, comme moi de lui, du reste.

Mais, avant de voir qui aurait pu avoir à se plaindre de moi, c'est-à-dire avant de vous parler de la *Franco-American Agency*, fondée par moi avec l'argent de M. Aron, laissez-moi, Messieurs, en finir avec les Agents généraux et vous expliquer l'origine de leur haine à mon égard :

A peine cette affaire fut-elle créée, je me trouvai en face de l'hostilité des Agents généraux, qui, du reste, ne m'avaient jamais vu. M. Roger père et M. Péragallo étaient morts pendant mon long séjour en Amérique. Moi, je ne voyais pas du tout la nécessité de payer ou de faire payer par les auteurs 10 % d'honoraires à des tiers, dont certains auteurs pouvaient être les débiteurs, car il n'y a pas que moi ayant le malheur d'être endetté. Je trouvais juste que les Agents généraux eussent ces 10 % si l'auteur l'exigeait, mais non pas s'il s'y refusait. Ainsi, par exemple, M. Sardou tint à ce que M. Roger reçût 2.000 francs d'honoraires pour **Théodora**, mais il n'y tint plus du tout pour **le Crocodile**; je versai donc dans le premier cas, et la *Franco-American Agency* ne versa pas dans le second... Cependant, l'hostilité des Agents généraux s'accentuait; M. Sardou me conseilla de jeter ce **gâteau à Cerbère**; M. Aron se rangea à cet avis et apporta même à cette solution le plus grand zèle. En fin de compte, M. Roger m'offrit, **pour moi personnellement**, la moitié de ces 10 % si je les faisais obtenir aux deux agents. M. Sardou, j'aime à le croire, ne niera pas cette offre qui me fut faite; M. Roger ne démentira pas M. Sardou, et j'ai une lettre de M. Debry qui concordera avec ces témoignages... A la répétition générale du **Crocodile**, où j'étais venu, de New-York, sur de nombreuses dépêches de M. Sardou, M. Roger me dit : « Nous sommes contre votre Agence, mais si vous imposez notre intermédiaire aux auteurs, **nous retournerons notre veste.** » Il vint même, le lendemain, au bureau de M. Aron, rue de la Victoire, envoyé, nous dit-il, par M. Sardou pour insister et nous décider.

Cependant, je n'appuyai pas cette mesure ; je copie ici les dernières lignes de mon rapport à la *Franco-American Agency* :

« Le *statu quo* n'est pas mauvais, puisque les Agents généraux ont et auront toujours leurs 10 % de commission sur tous les contrats que les auteurs eux-mêmes les chargent de rédiger. Mais il y a d'autres auteurs, nombreux, qui tiennent absolument à n'être pas saisis sur leurs droits, comme ils le sont en France, et qui veulent rester libres. »

Je parlais là encore, toujours, dans l'intérêt de beaucoup d'auteurs. C'est alors que je fus brisé, et cet incident ne fut pas étranger à ma ruine.

Messieurs, ces choses n'arriveraient pas s'il n'y avait pas des Agents généraux. Combien d'auteurs pauvres, combien de producteurs méritants et gênés à côté de l'opulence de leurs mandataires! La Société des Gens de lettres (dont vous faites à peu près tous partie) n'a qu'un employé à appointements, et elle ne s'en porte pas plus mal. N'y a-t-il pas de quoi faire d'étranges réflexions en voyant des Agents être décorés de la Légion d'honneur des années avant leurs maîtres qui s'appellent Ferrier, Cadol, Audran, Varney, Lecocq, etc.? Nos prédécesseurs de 1829 avaient voulu instituer des Agents et non pas des Fermiers généraux.

La phrase peut faire sourire, mais le fait ne prête pas à rire.

Cette lettre, Messieurs, je ne l'aurais jamais écrite sans l'acte incroyable de M. Pellerin, agent général, trahissant son client en faveur d'un homme du dehors, tenancier de cercle. Vous m'exécuterez sans doute, comme depuis huit ans j'en suis menacé sans cesse; eh bien! cela me vaudra peut-être mieux.

Si je n'avais plus fait partie de la Société, en effet, le Tribunal civil ne m'aurait peut-être pas alloué plus que vous; mais il n'aurait pas traité de **voleur de pièces** l'homme qui a, le premier, sauvegardé ou tenté de sauvegarder les droits des auteurs français en Amérique. Oh! je sais bien que vous n'avez pas cru un mot de cette accusation, mais il me semble que c'est déjà trop qu'elle ait été lancée par le grand auteur qui n'avait vendu **Dora** que 3.000 francs à New-York et qui, grâce à moi, traite maintenant avec l'Amérique à des chiffres tout autres : 150.000 francs par exemple, d'un seul coup.

J'avais désiré me retirer de la Société parce que, comme vous tous, j'aurais eu quelques milliers de francs à prendre, provenant de mon apport de fondateur, qui m'auraient permis de me refaire une vie. Vous avez refusé, et, le jour où j'ai essayé de vous convaincre avec des chiffres, vous m'avez fait faire les plus catégoriques menaces.

Il ne s'agissait pourtant que d'une pauvre petite brochure, dans laquelle je reproduisais un article du *Figaro*, de M. Henry Becque, auquel j'avais ajouté un simple calcul d'arithmétique élémentaire! Là-dessus, M. Pellerin et M. Roger me déclarèrent officiellement de votre part que si cette brochure paraissait, vous alliez m'exécuter en publiant dans tous les journaux le compte rendu de la séance de la Commission, du 6 juillet 1888. Grâce à cette publication, je serais expulsé de la Société dont je suis fondateur et à laquelle j'ai apporté le même fonds social que les plus anciens et les plus glorieux d'entre vous. — De la sorte, en effet, ma liquidation serait faite! Je perdrais tout mon avoir...

Je m'inclinai, Messieurs, devant cette menace; la caisse de ces brochures n'a même pas été ouverte et personne, en dehors de vous, n'en a eu connaissance. D'ailleurs, j'ai toujours été dévoué à la Société des Auteurs, et si j'ai subi pendant huit ans un véritable régime de terreur, c'est par pur esprit de corps, croyez-le bien.

Aujourd'hui, la félonie de M. Pellerin m'a ouvert les yeux; son exaspération à l'idée que j'allais toucher quelques billets de cent francs me démontre que je n'ai plus rien à espérer, pas même l'argent gagné. Si le fait de vous dénoncer cette félonie me vaut la publication prochaine du compte rendu de la séance du 6 juillet 1888, je le regretterai moins que je l'eusse regretté précédemment, car je suis fatigué et je désire que mon martyre prenne fin d'une ou d'autre façon. Vous êtes puissants et je suis faible, mais vous voudrez bien d'abord écouter la vérité sur cette séance et sur tous les faits antérieurs qui l'ont amenée.

Le fait d'avoir été assez heureux pour trouver, une fois de plus, mais après d'assez longs intervalles, secours et consolations chez M. Joseph Aron en un jour lugubre, le jour le plus cruel de ma vie, de même que le fait de l'avoir prié de m'acheter mes droits probables sur la *Belle Grêlée*, pourraient peut-être laisser supposer que je vous écris, Messieurs, inspiré ou poussé par lui. Il n'en est rien; j'agis et j'écris seul. M. Aron n'a pas lieu de se louer de tout le monde; il a beaucoup écrit contre moi et mes actes, mais j'ai beaucoup plus écrit contre lui, et, il faut bien le reconnaître, je lui ai fait perdre une vraie fortune en vue des auteurs français, et, certes, il n'en a guère été récompensé d'aucun côté. — Eh! bien, malgré tout cela, je suis certain que si, dès le début, j'avais dit à M. Aron toute la vérité, comme je me vois forcé de la dire aujourd'hui, il ne vous aurait jamais livré mon imprudente et fatale lettre du 8 février 1886, qui fut la cause de votre séance du 6 juillet 1888, — ni plus tard, son grand Mémoire contre moi, que vous ne m'avez jamais communiqué et qui me valut votre circulaire du 5 janvier 1889...

(I) J'ai communiqué à Mons mon mémoire de 1888. V. p.71 sa lettre

M. Aron ne sait même pas encore que je vous adresse cette lettre, et j'affirme que mon rôle auprès de lui, depuis que je l'ai revu et qu'il m'a tendu la main, a été de le supplier de ne point publier un autre document, que je ne lui connaissais pas, et qui serait une tristesse pour les lettres françaises.

Je n'ignore pas que ma plainte d'aujourd'hui va faire surgir de nombreuses preuves que j'ai demandé aide et secours à beaucoup; des reçus et des déclarations qui ridiculisent, comme en font rédiger les puissants à ceux qui ont faim; il n'importe, je n'ai jamais demandé qu'à ceux que j'avais servis ou essayé de servir. Si j'avais écouté, en leur temps, les propositions de M. G. Roger, il me devrait la moitié des 2.000 francs qu'il a reçus pour *Theodora*, et ainsi de suite... Ma misère est notoire et incontestée, mais elle n'est pas méritée.

J'arrive enfin, Messieurs, à la séance du 6 juillet 1888 avec laquelle, depuis sept ans, on m'intimide, on me refuse du pain et on m'empêche d'en gagner!

Quand la Commission eut reçu, le 6 mai 1887, la communication de ma lettre à M. Aron, **dans laquelle je disais que j'avais versé des sommes à quelqu'un de la Société des Auteurs** (de la Commission, veux-je dire) **pour m'assurer un vote favorable à l'entreprise américaine**, j'étais à New-York et je ne pensai plus, dès lors, qu'à me disculper. Du reste, la Commission me fit parvenir l'ordre de me rendre à Paris, devant elle.

Je n'étais pas en mesure de faire ce voyage coûteux, je priai donc la Commission de m'en fournir les moyens. Elle ne me répondit pas, mais M. Sardou me câbla :

« Commission votera pas fonds, condamnera, puis rien, pour vous **devez venir à tout prix**, rien possible de loin. »

Toujours dans l'impossibilité de venir à Paris, je me permis d'écrire à Émile Augier, qui voulut bien intervenir et me conseilla de faire amende honorable à la Commission (1), qu'à ce prix rien ne serait publié. Je suivis aussitôt ce conseil, et, le 6 février 1888, je reçus la dépêche suivante de M. Sardou :

« Augier a écrit d'accord avec moi, tout en voie d'arrangement. Écrivez comme il conseille, à moins que préfériez venir, **mais lettres vaudraient mieux que présence.** Avez dû recevoir lettre de votre beau-père explicative. »

Mon beau-père m'écrivit, en effet, de la part de M. Sardou, que je n'avais qu'à ne rien dire sans tenter de compromettre personne, et que tout serait vite oublié.

Je crus à tout cela, d'autant plus que, quelque temps après, M. Sardou voulut bien me confier le soin d'offrir *la Tosca* à Mme Fanny Davenport; voici, du reste, trois dépêches :

« Ai reçu hier offre cent mille comptant semaine prochaine. Donnerai préférence Davenport, mais condition payer comptant sans délai. »

« Obstacle imprévu rend traité impossible avec Davenport; lui ai câblé et vous écrirai détails. Fâcheux pour vous et pour moi qui y perds beaucoup. »

Cependant l'affaire fut conclue, et Jules Prével l'annonça dans le *Figaro*. Alors, M. Sardou (12 novembre 1887) :

---

1. Voici la lettre que l'illustre Académicien écrivit à François Mons le 7 janvier 1888 :

« 7 janvier 1888.

« Monsieur,

« J'ai fait une démarche en votre faveur auprès de MM. Doucet, Coppée et Halévy. Je les ai laissés disposés à se contenter d'un blâme sévère, *aussi peu publié que possible;* mais ils croient nécessaire que vous écriviez à la Commission « *une lettre bien franche d'excuses et de regrets* ». Ce sont leurs propres termes. — « Qu'il avoue sa faute *et fasse appel à l'indulgence.* »

« La Commission ne prendra aucun parti avant que vous ayez fait une réponse *quelconque* à la sommation qui vous a été adressée de comparaître avant le 15 janvier. Vous avez, il est vrai, écrit il y a deux mois : « *mais cette lettre était mauvaise, au lieu de vous défendre, vous accusiez.* »

« Voilà ce que je peux vous transmettre de renseignements sur votre très fâcheuse situation. Voyez ce que vous avez à faire. Vous avez le temps d'écrire, si vous le jugez à propos, avant la séance du 20 (ou de télégraphier).

« Agréer, Monsieur, l'expression de mes sentiments de condoléance.

« E. Augier. »

« Priez Prével se taire, attendez lettre. Commission très justement irritée; article Prével vous assomme. Première du 15 au 20. »

M. Sardou, on le voit, ne me traitait pas en coupable; il démentit bien que j'eusse servi d'intermédiaire pour la vente de *la Tosca,* mais j'en suivis la production en Amérique, le *Temps* en publia mon compte rendu, et mon témoignage fut décisif, à la Cour de New-York, contre un M. Barrymore qui faisait un procès pour revendiquer la propriété de cette pièce, qu'il prétendait avoir confiée à Mme Sarah Bernhardt.

Je pus enfin venir à Paris au mois de juin suivant, et la Commission des Auteurs me convoqua pour le 6 juillet. Je voulais tellement bien me disculper devant elle, et M. Sardou le savait si bien, qu'il m'adressa cette dépêche, de Marly-le-Roi, le 5 juillet, la veille même de la séance :

« Ferez certes mieux pas venir si devez plaider **au lieu de garder attitude convenue**; la lettre qu'avez écrite à Doucet d'après conseil Augier et que l'on a relue vendredi a irrité Commission par la péroraison qui était déplorable. Ne recommencez pas. »

Le lendemain, M. Sardou, qui présidait, me traita fort mal; j'avouai tout ce qu'il voulut, que j'avais menti, etc.; j'acceptai tous les blâmes... Ne m'avait-on pas promis un silence éternel? J'avais confiance dans les promesses d'Émile Augier et de M. Sardou; j'avais été forcé de rembourser les 3.500 francs, à New-York, à la *Franco-American Agency*. Le châtiment de mon imprudence me semblait plus que suffisant. C'est dans cette ferme conviction **qu'une attitude avait été convenue** et que je l'avais **gardée.**

Et puis, j'avais besoin de gagner ma vie, et M. Sardou devait m'envoyer à Londres **le lendemain,** pour y terminer une affaire que j'avais, de moi-même, entamée à New-York. Je passai, en effet, en Angleterre trois jours après et, au bout d'un mois, j'avais réussi, ainsi que le prouvent ces deux dépêches de M. Sardou :

21 août 1888. — Pouvez venir demain par neuf heures demie, mais inutile si c'est avec espoir réduirai prix convenu cent cinquante. »

22 août 1888. — « Vu temps incertain, trouverez voiture 3 heures 20. Reconnaîtrez à postillon. »

L'affaire se fit, à cent cinquante mille francs. Nous voici un peu loin des 3.000 francs de *Dora* et des 600 dollars de *Patrie!* (ce qui n'est aussi que 3.000 francs). Voici, à l'appui, deux phrases de l'**interview** de M. Sardou, dans le *New-York Herald* du 13 février 1886 :

« Le correspondant du *N. Y. H.* — J'ai entendu parler d'une reprise de *Patrie!*... Serait-il indiscret de vous demander combien vous avez reçu d'Amérique pour vos droits d'auteur de *Patrie?*

« M. Sardou. — Moins de 600 dollars en tout et pour tout. »

Tandis que je menais à bien cette opération de 150.000 francs, sur laquelle se greffa, le mois suivant, la vente de *Belle-Maman!* au même acquéreur américain, je signais un traité avec Gounod pour cent concerts aux États-Unis qui devaient rapporter un million net au maëstro. M. Gustave Roger l'ayant appris, donna communication du procès-verbal de la séance du 6 juillet à Gounod dès que je fus rentré à New-York, et le maître me signifia aussitôt, par lettre, qu'il n'exécuterait pas notre traité... Les persécutions recommençaient vite, on le voit, malgré les promesses de silence qui m'avaient été faites.

Et enfin, trois mois après, le 5 janvier 1889, tout à coup, la Commission publia contre moi la circulaire signée Delpit et Valabrègue.

Dès lors, j'étais brisé. Il était trop tard pour me défendre, bien que Francis Magnard m'offrît les colonnes toutes grandes du *Figaro,* ainsi que je le puis prouver par une lettre émouvante qu'il me fit adresser... Il m'aurait fallu dénoncer un homme que j'aimais et qui, je le reconnais, me resta fidèle jusqu'à sa mort; je n'en eus pas le courage, et, si je l'ai aujourd'hui, c'est parce que M. Pellerin vient de me trop prouver que je n'ai plus rien à espérer nulle part.

Au moment même où éclata sur ma tête cette circulaire, qui parut dans tous les journaux de France et d'Amérique, je venais de vendre *Feréol,* de M. Sardou, à un directeur de New-York, et j'en suivais les répétitions. Or, cette pièce avait déjà été vendue, à l'insu de M. Sardou, par l'Agence Roger, quelques années auparavant. Ce n'est que grâce à mes relations et à mes démarches que le vrai propriétaire de la pièce, M. A.-M. Palmer, ne fit pas de procès scandaleux et permit les représentations nouvelles. Ces voleurs de pièces américains ont quelquefois du bon. *Les Exilés* faillirent me mener loin; malgré des dépêches de M. Sardou affirmant que ni le prince Lubomirski, ni M. Nus, ne lui avaient jamais vendu leur drame, il se trouva que l'Agence Roger l'avait parfaitement vendu précédemment à un directeur de Boston. Mais là, par bonheur, nous n'avions pas encore signé un traité tout arrangé déjà avec un nouvel acquéreur, mais il ne s'en fallut que d'un seul jour...

Messieurs, ne croyez pas que le moindre fiel entre dans cette lettre, vis-à-vis de M. Sardou que j'ai beaucoup aimé et bien servi. Si je viens d'entrer dans quelques détails, c'est uniquement pour vous démontrer qu'il ne devait pas me croire coupable, puisqu'il m'a employé jusqu'en 1892, c'est-à-dire après la séance du 6 juillet 1888, et même après la circulaire du 5 janvier 1889. En 1890, en effet, au mois d'avril, il m'envoya à New-York tout exprès pour *Cléopâtre* et *Thermidor* et, dans les derniers jours de l'année 1891, je pus lui vendre l'*Hôtel Godelot*, en Amérique.

M. Sardou est très large et généreux en affaires ; il m'a payé mon travail et, en outre, il m'a prêté, avancé, donné de fortes sommes. Je n'ai jamais oublié cela, mais, en vérité, je crois qu'il m'a fait payer trop cher ce que je lui dois, pendant votre séance du 3 courant où, dans une simple question d'arbitrage, il m'a traité comme vous l'avez vu. Je réclamais une part de collaboration dans une pièce : il n'y avait qu'à me l'allouer ou à me la refuser, sans m'accuser du vol d'un ouvrage que, somme toute, j'avais fait le premier, alors surtout que c'est à mon initiative personnelle que les auteurs français doivent le peu de protection qu'ils trouvent aujourd'hui en Amérique.

Messieurs, je vous ai dit que je ne me suis pas rendu coupable de mensonge ni de diffamation dans ma lettre datée de Toulouse, le 8 février 1886.

Voici, entre autres preuves, trois lettres d'un membre de la Commission des Auteurs et Compositeurs dramatiques de l'année 1886.

La première, qui fut l'entrée en matière, commence ainsi :

« Cher Monsieur,

« Je comptais vous faire ma réponse à la Commission, où je suis allé surtout à cause de vous. J'ai entendu la lecture de votre rapport qui est très bien fait, très clair, sans compliments. Mais je ne vous ai pas vu... »

La deuxième :

« Mon cher Mons,

Textuelle : ? ? ?

« Bien à vous. »

La troisième :

« Sapristi ! le Crédit foncier à qui j'avais..... aujourd'hui..... Mais je lui écris et lui promets pour demain.

« A demain donc, 3 heures, mon cher Mons, et mille fois à vous. »

Ces trois lettres sont de janvier 1886, c'est-à-dire pendant les semaines où j'étais en instance auprès de la Commission pour obtenir d'elle le vote favorable qu'elle m'accorda, le 5 février, par une lettre à mon adresse, signée de son secrétaire, M. Abraham Dreyfus, et rendue publique dès le lendemain.

Messieurs, c'est le désespoir dans l'âme que je me résous, pour la première fois de ma vie, à communiquer des lettres et des documents. Je pourrais vous en dire beaucoup plus long, mais je veux m'en tenir à ce qui précède. Je ne vous fais pas cette communication pour vous demander une réparation quelconque, car le mal qui m'a été fait est irréparable ; seulement, j'ai un fils qui a vingt ans et qui commence sa carrière militaire ; c'est pour lui (surtout en présence de la persistance de mes persécuteurs) que je me suis décidé à rétablir enfin la vérité.

Daignez agréer, Monsieur le Président, Messieurs les Membres de la Commission, l'hommage de mon profond respect.

François Mons, 79, rue des Martyrs.

APPENDICE VII

Lettre de François Mons au Président de la Franco-American Agency, *lue par Victorien Sardou à la Séance du Comité des Auteurs, le 6 juillet 1888.*

« Toulouse, 8 février 1886.

« Cher Monsieur Aron,

« J'ai pu enfin venir passer trois jours dans ma famille. Je serai définitivement de retour à Paris, pour terminer toutes les affaires courantes, dès après-demain 10 février. C'est, en effet, le 12 que j'en finirai avec le *Germinal* de Zola, — et j'aurai une lettre à sensation de cet auteur.

« Dès ma rentrée, je vous enverrai officiellement manuscrits, contrats et quittances. Pour aujourd'hui, je vous adresse simplement la lettre de la Commission, et j'envoie à Nathal le *Soir* et le *Figaro* du jour, que je trouve à Toulouse. Je n'envoie pas tous les journaux parlant de notre succès en France, parce que je ne lis que les importants et que beaucoup me passent inaperçus. Mais tous en parlent dans le sens favorable et flatteur.

« Le résultat est très beau. J'avais d'abord posé la question ainsi : 50.000 francs de cautionnement pour le titre d'*Agence de la Société;* 25.000 francs pour un vote favorable conçu dans le sens que nous avions convenu avec le Board. C'était ce qui était entendu et accepté la veille du vote à Paris. Dans la dernière journée, j'ai pu, moyennant 3.500 francs *bien placés,* « et dont je ne pourrai jamais donner les « détails que de vive voix et sans contrôle possible », obtenir le refus de cautionnement par la majorité de la Commission.

« Ce refus, dans le discours verbal de M. Sardou, est tout à notre honneur. Il a dit : «Votre intérêt nous « répond de votre loyauté. Les statuts nous empêchent de nommer nos agents, *c'est-à-dire nos employés,* « des hommes comme vous, qui êtes nos collaborateurs, qui êtes des impresarii, et qui avez une mission « bien plus haute que celle des percepteurs de droits d'auteurs fixes et déterminés par nous. Restez « indépendants et faites au mieux de vos intérêts et des nôtres. La confiance est le meilleur des caution- « nements. »

« Vous pouvez faire mettre cette phrase dans notre journal.

« Ce n'est pas, en effet, quelques billets de mille francs qui auraient donné confiance, si l'on n'en avait pas eu en principe.

« Après le vote, *chaque* membre de la Commission m'a assuré que tout le monde sera bientôt pour nous et avec nous, et que notre œuvre est grande.

« M. Sardou, le lendemain, m'a manifesté le vif désir de faire votre connaissance personnelle.

« J'espère que le Board ne voudra pas laisser à mon compte les 3.500 francs dépensés pour lui économiser le dépôt d'un cautionnement. D'autant plus que ce « sans cautionnement » est extrêmement flatteur. En tous cas, j'ai fait au mieux, ou, du moins, j'ai cru bien faire. C'est sur mon argent personnel que j'ai été prendre cette somme chez MM. Lazard.

« Après la Commission, j'ai donné à divers un dîner, au Café Anglais, qui m'a coûté 630 francs, mais je le garde à mon compte.

« Le *Board* voudra bien reconnaître que je lui ai économisé 5.000 francs sur Sardou et 500 francs pour son agent, — sur le contrat de *Theodora.* La somme de 25.000 francs à M. Sardou était, en effet, convenue entre lui et moi. Ce n'est que deux jours avant de signer avec lui, qu'à force de prières et de raisonnements, j'ai pu le faire descendre à 20.000.

« M. Sardou nous a extrêmement aidés, et avec énergie et ardeur.

« Sur les 15 000 francs du second crédit, j'ai dépensé :

« Valabrègue	1.500 fr.
« Adolphe Belot	1.000 »
« L'*Idole*	2.000 »
« Cadol	2.500 »
« Deux excellentes pièces, qui viennent d'avoir le plus grand succès, de George-Richard. — Avances	500 »
« Tout le répertoire joué, mais inédit, de Léon et de Frantz Beauvallet. — Avances.	500 »
« Rentré dans les câbles nécessaires.	450 »
	8.450 »
« J'aurai à avancer, pour *Germinal*	2.000 »
	10.450 »
« Resteront, pour *Martyre* de d'Ennery et autres, tels que musique de la *Toison d'Or*, etc.	4 550 »
	15.000 »

« Je vous le répète, cher Monsieur Aron, j'ai tout fait pour le mieux.

« J'admets très bien tous les étonnements du Board, ses résistances, ses observations, ses semonces même; mais les événements se sont succédé de jour en jour, mes lettres vous ont un peu éclairés, au fur et à mesure des besoins. Je ne réponds donc pas en détail à tous ces étonnements, ces résistances et ces semonces, contenus dans les lettres de votre interprète officiel, Louis Nathal, business manager. Je suis convaincu que de séance en séance, vous m'aurez tous rendu justice. Quand on est loin les uns des autres, on ne se comprend pas très clairement; mais je crois avoir bien fait en usant un peu d'initiative personnelle. Nous avions les agents généraux contre nous, je crois que nous ne les avons plus hostiles. D'ailleurs, tous les auteurs veulent s'en passer.

« Je viens de passer un mois de labeur inouï. Je vais recommencer dès après-demain, et j'espère ne recevoir que d'excellentes lettres de vous tous, à partir de maintenant.

« A partir de maintenant aussi, de mon côté, je vais vous écrire plus officiellement et d'une façon plus coordonnée, et vous envoyer les pièces de notre affaire au fur et à mesure que je les aurai moi-même. Mais, jusqu'ici, j'ai été surmené de tous les côtés et de toutes les façons.

« Mes souvenirs d'affectueux dévouement à tout le Board, et veuillez croire, cher Monsieur Aron, à mes sentiments, personnels pour vous, de respectueuse amitié sincère.

« Fr. Mons. »

APPENDICE VIII

Paris, 22 avril 1893.

Monsieur,

J'étais plongé dans une misère profonde et tout appui me faisait défaut à la fois. L'idée me vint de m'ouvrir à vous et, quelque répugnance que vous ayez montrée tout d'abord à revenir sur un passé déjà lointain, je n'ai pas fait en vain appel à la générosité de votre cœur. Ma douloureuse situation vous a ému. Vous m'avez tendu une main secourable, et, si ma mémoire ne me trahit pas, voici quelles ont été vos propres paroles au cours de nos entrevues :

« Monsieur Mons, vous venez à moi malheureux et je n'ai jamais refusé de venir en aide, autant que je l'ai pu, à un de mes semblables, réduit à une situation pareille à la vôtre. Sans doute, votre malheur, vous ne sauriez l'imputer qu'à vous-même ; il n'est pas douteux, en effet, que si vous aviez respecté strictement nos conventions de 1885, vous auriez conquis à l'heure qu'il est une situation indépendante et honorable. Ceci dit, non pour vous exprimer un regret, mais pour constater un simple fait, je tiens à ajouter que toute ouverture nouvelle de votre part, relativement à l'affaire dont il s'agit, n'aurait aucune chance d'être accueillie par moi. Sous aucun prétexte ni à aucun prix je ne veux m'engager dans la moindre discussion à ce sujet, soit avec vous, soit avec la Société des Auteurs. Dieu merci, à tous les points de vue, j'en ai assez ; mais si, sur ce point, ma résolution est inébranlable, il ne saurait me coûter d'affirmer très haut que, peu habitué à attaquer les gens par derrière, je n'ai absolument rien à rétracter des termes du Mémoire adressé par moi, en décembre 1886, à la Commission de la Société des Auteurs et Compositeurs français ; Mémoire qui, vous ne l'ignorez pas, sans doute, m'a valu, le 24 du même mois, la lettre si flatteuse, en dépit de la discrétion quelque peu exagérée, de M. Camille Doucet.

« Aujourd'hui, tout à fait éclairé, vous êtes disposé, m'assurez-vous, à me fournir toutes les explications et éclaircissements nécessaires au sujet du prétendu versement de 3.500 francs effectué le 3 ou le 4 février 1886, à titre de don de la **Franco-American** de New-York. Ces explications, je ne vous les demande point, la lettre de M. Roger, du 29 avril 1887, me suffit, et je ne me sens nullement tenté d'en apprendre davantage sur cette affaire.

« Vous prétendez en outre, Monsieur Mons, que la Société des Auteurs vous aurait condamné sans vous avoir même donné connaissance du texte de mon Mémoire. Cela, je vous le déclare, je ne puis ni ne veux l'admettre : il me paraît impossible et monstrueux, en effet, qu'on ait pu agir à votre égard contrairement aux règles constantes de la jurisprudence française qui édicte la communication à l'accusé du dossier de l'accusation. En tous cas, même en supposant possible un procédé aussi invraisemblable, je ne puis que le regretter et en décliner la responsabilité. M. Ludovic Halévy ne contredira pas l'exactitude de tel passage du Mémoire où (page 3, lignes 7 à 11) je demandai hautement que votre justification eut lieu en ma présence, au sein de la Commission.

« Autre grief : à plusieurs reprises, vous vous êtes plaint que je me serais approprié indûment le mérite de la pensée initiale en 1885 d'une société américaine fondée en vue de sauvegarder les intérêts des auteurs français aux États-Unis. — Or, les premiers mots de mon Mémoire, répétés d'ailleurs à la page 10, réfutent nettement cette assertion et en démontrent l'inanité : j'y établis formellement, en effet, que l'idée première de l'établissement de la société en question appartient sans conteste à MM. Mons et Nathal, uniques fondateurs et promoteurs de l'entreprise. Enfin, mû par le même esprit de franchise, renouvelant en votre présence cette affirmation contenue dans mon Mémoire, j'atteste que, sans la note parue les 27 et 28 avril 1887 dans le *Figaro* et le *Gil Blas*, je n'eusse jamais adressé ma lettre du 27 avril à M. le Président de la Société des Auteurs et Compositeurs. »

Voilà, Monsieur Aron, sinon les expressions mêmes, du moins le sens fidèle de vos observations le jour où je me présentai chez vous. J'en ai gardé très nettement le souvenir, et le souci de la vérité me fait un devoir de les consigner ici en toute sincérité et en toute liberté d'esprit. Je vais plus loin : en vue de vous donner la mesure de mes regrets et de la bonne foi qui me dicte cette lettre, je crois devoir y joindre, avec le câble du 6 février 1888 que m'adressa à New-York M. Sardou, la dépêche du 5 juillet suivant, datée de Marly, que m'envoya à Paris également M. Sardou. Ces deux documents suffiront, j'espère, à votre complète édification.

Respectueusement à vous,

François Mons.

« Paris, 1er mai 1893.

Mon cher Monsieur Aron,

Ah ! certes oui, comme je vous l'écrivais samedi dernier, j'étais dans la plus noire des misères quand je me suis retourné suppliant vers vous. Mais j'y étais d'une façon que vous ne soupçonnez pas, même approximativement. Tout ce que la misère a de plus redoutable, et tout ce qu'elle a de plus lamentable, je l'ai connu, subi, et cela me tient encore dans des crocs de fer. — Songez donc ! un an entier depuis votre première belle charité du 10 mai dernier !... Cette année-là qui dure, hélas ! encore, a été aggravée de mon fils sur les bras dans mon petit meublé de la rue de Londres, ayant quatre repas à faire par jour, et n'en faisant en moyenne qu'un tous les deux ou tous les trois jours. Et quels repas ! Nous n'avons vu, sur cinq cents repas, que cinquante fois les restaurants, les plus petits restaurants, à 1 fr. 50 et à 2 francs. D'autres fois, l'un ou l'autre de nous descendait chercher du pain et du fromage, parfois un peu de charcuterie ; souvent c'était du pain seul ; et enfin, il nous est arrivé d'être sans pain, même sec.

Nous n'avons pas vu de vin une seule fois pendant toute cette période. Nous n'avons eu qu'un pardessus vieux pour nous deux, et une paire de chaussures pour nous deux. En sorte que nous ne pouvions jamais descendre et sortir qu'un seul à tour de rôle. Joignez à cela que tous les jours on me menaçait de nous jeter à la porte, en plein hiver, sans bagage ni linge... et moi avec la goutte !

En dehors de petites aumônes, que je dois pourtant comme de vrais prêts, rien, rien, jamais rien !!! M. Sardou n'avait plus besoin de moi depuis *Thermidor* et me croyait définitivement à l'eau. Il n'avait plus à me connaître. On me l'avait partout prédit, jadis.

Enfin, après ces tortures inouïes, mis hors de notre logis, nous avons encore erré dans des hôtels, jusqu'au moment où un grand cœur, joint à une très haute intelligence, me retira de cette vie de vagabond par un don réel ; ce jour-là, je pus reprendre un logis, ramener mon fils en pension, en attendant un arrangement à ce sujet avec sa mère, et enfin commencer à espérer et à voir que je n'étais pas mort absolument.

La personne dont je vous parle est M. Francis Magnard, du *Figaro*. Je dis hautement le nom de ce bienfaiteur (bien qu'il me l'ait défendu) comme je proclamerai en toute occasion le vôtre.

Cependant, il n'y avait encore là que de l'espoir, et ma maladie persistant, j'étais encore à la fin des fins, quand vous avez daigné réapparaître en grand et noble cœur. Je vous l'ai écrit samedi dernier je vous l'écrirai toujours et je ne l'oublierai jamais.

Seulement, vous êtes assez bon pour me permettre de vous dire quelque chose sans que vous vous en fâchiez ? — Eh bien ! je suis convaincu que vous ne lisez pas mes lettres, que vous ne faites qu'y jeter un coup d'œil. Vous en restez à vos idées pour ce que vous avez résolu de faire, et rien ne vous en détache. Je crois pourtant que diverses de mes révélations ont de l'importance. L'affaire des Agents généraux est d'une gravité sans pareille. Il n'y a que Roger, Sardou, vous et moi (puisque Debry est mort), qui la connaissions. Elle est très grave. — A cela, vous me répondez : « Croyez-moi, Mons, ne cherchez pas à vous disculper, ni sur les 3.500 francs, ni sur autre chose ; cela vaut mieux, et je veux faire quelque chose pour vous. » — Eh bien soit, accepté ce conseil. — J'ai eu tous les torts, tous, sans restriction, sans complices, sans circonstances explicatives... Soit ! mais entre nous, avouez que j'en ai été suffisamment puni, de ces torts. Et ne vous semble-t-il pas que je les aie assez expiés ? Quel est l'homme sur terre, un de vos semblables, comme vous dites, qui fut jamais châtié plus que je l'ai été, plus que je ne le suis, moralement et matériellement ?

Car je me souviens que chez vous, le 10 du mois dernier, par plusieurs fois, avec un sentiment vraiment sympathique et empreint de beaucoup d'intérêt, vous m'avez demandé et redemandé : « Mais enfin, Mons, que faites-vous ? »

Eh bien, la vérité est que je ne fais rien, que je ne puis rien faire depuis un an. Quand un homme passe, à tort ou à raison, pour un homme intelligent, **et qu'il est tombé d'assez haut,** il ne trouve rien, rien, pas même dans les petits emplois et les moindres travaux ! — Rien ! vous voyez où l'avenir m'appelle, si vous ne m'aidez pas vraiment. J'en étais arrivé à compter sur un petit poste modeste, au loin, quand mes amis seront au pouvoir ! Mais, jusqu'alors, rien. — L'année dernière, vous m'avez bien aidé ; mais cela tombait mal, mais c'était pour des dépenses judiciaires qui ne m'ont pas aidé pour réussir ; mais cela ne fut pas pour moi !

Ah ! si pareil bonheur était pour aujourd'hui, il n'y a pas un louis qui ne me profitât, un billet de banque qui ne me fît heureux, prospère et travailleur.

Je vous ai trouvé, l'autre jour, lisant *le Fils de Giboyer*. Vous me dites avec raison que cette lecture vous inspirait l'idée de m'aider, en vue de mon **Maximilien** à moi, c'est-à-dire de mon fils. — Croyez bien que je n'étais pas né Giboyer ; je suis de bonne et honnête bourgeoisie, qui a souffert de me voir refuser d'être notaire ou avoué, qui a souffert de mon mariage, qui souffre aujourd'hui de ma chute et de ses conséquences. — Mais enfin, bien, je suis un Giboyer. A l'occasion, si vous voulez, mettez-moi à l'épreuve pour faire quelque travail, bien que, contrairement à Maréchal, vous n'ayez besoin de personne. Mais si Giboyer je suis, aidez-moi, en effet, à aider mon Maximilien, — qui est, du reste, dans la bonne voie et dans les meilleurs sentiments.

L'affaire que je vais entamer, je vous la certifie excellente, utile et réparatrice. Je n'ai voulu la commencer qu'après vous en avoir parlé, avoir en quelque sorte votre consentement. Vous allez voir que, toute indépendante qu'elle soit, elle deviendra — tout doucement, sans grand fracas et sûrement — un jour fructueuse et indispensable.

J'ai déjà commandé mes en-têtes, je prépare mes circulaires — et je n'ai pas un centime ! — Mais, enfin, il me faut bien commencer quelque chose ou mourir. Je n'ai plus d'autre alternative.

Il me faudrait 1.500 francs ! — Ah ! si nous étions à l'année dernière, quand vous me les avez prêtés ! — Mais je n'avais pas encore cette idée arrêtée et mûrie. Aujourd'hui elle est sûre, certaine. Ne fût-ce que par les abonnements au journal, je vivoterai ; mais quelques affaires viendront bien avec.

Vous m'avez affirmé que vous voudriez me voir gagner 500.000 francs par an. Aidez-moi à en gagner 10.000 seulement, et ma vieillesse est assurée, car je suis devenu rudement sage et mûr.

Il est vrai que vous m'avez dit aussi que « vous n'aviez plus en mains une Banque ». C'est également juste, et je le regrette. Mais enfin, si vous vouliez !... Ne voudrez-vous pas donner une chance à un malheureux ? — Si, n'est-ce pas ?

Je ne vous demande pas 1.500 francs comme cela... non ; 500 francs par mois, pendant trois mois : mai, juin et juillet. Je vous affirme que les résultats premiers seront bons déjà au mois d'août. — Il me faut 200 francs par mois pour le *The Paris Theatrical Review*, et 300 francs pour moi, afin de m'y bien consacrer.

Vous ne voulez faire aucune affaire, vous n'en feriez surtout pas une avec moi ; je le regrette, mais toutes ces avances je suis bien sûr de vous les rembourser — sans avoir à attendre les 25 % de la grande affaire de l'avenir.

Oh ! que je commence seulement ! Que je commence !!! et vous verrez.

Je vous soumettrai, du reste, les deux circulaires préalables : celle pour les Américains, celle pour les Français.

Voici ce que j'ai fait de vos 300 francs depuis vingt-cinq jours : deux chapeaux, deux paires de chaussures, douze chemises (tout cela moitié avec mon fils) ; puis, j'ai vécu à environ 4 francs par jour ! — Je n'ai pas eu un sou en dehors de chez vous. — **Maintenant, il me faut donner depuis ce matin 100 francs à mon appartement nouveau.** J'attendais 50 dollars ce matin de New-York, ils ne sont pas arrivés. Or, j'avais promis à mon concierge pour aujourd'hui, il m'a demandé déjà deux fois... Faut-il que je parte encore d'ici, ou que j'y sois tout à fait mal vu au moment du *Paris Theatrical Review*, au moment où j'avais cru pouvoir donner mon adresse ici ?...

Je n'ai pas dîné hier dimanche, ayant tout fini depuis vendredi. Ce matin, je me suis également privé de déjeûner ; ce soir, heureusement, je suis invité. — Après-demain, c'est l'assemblée générale. Comprenez-vous ce que c'est qu'une telle épreuve, quand on est à jeun et qu'on n'a pas un louis en poche ? Oui, vous le comprenez, et vous ne le voudrez pas.

Soyez assez bon pour m'envoyer, par votre jeune homme, demain matin, mardi, ou de bonne heure après midi (mon concierge m'inquiète) 150 francs : 100 francs pour le loyer, 50 francs pour moi, pour ce moment pénible. Faites-moi dire en même temps quand je pourrai aller vous voir pour parler de l'affaire. — Soit mercredi, après l'assemblée générale (vers 4 heures) soit jeudi. Vous venez de redire mon nom, de me remettre en vue, ne me lâchez pas. — Pour l'affaire, ensuite, ce sera **oui** ou **non**, et je me le tiendrai pour dit.

Je vais essayer de dormir, en espérant en vous, cette nuit.

Un de mes bons amis, Monselet, écrivit un jour au vieux baron James de Rothschild : « Monsieur le baron, **je vais bien vous étonner**; je viens vous prier de me prêter 5.000 francs! » — Le baron répondit : « Monsieur Monselet, **je vais vous étonner bien davantage**; je vous les **prête**. »

Mais de vous, quand je pense à tant de malheurs et de douleurs, je ne sollicite aucune réponse spirituelle, — et je n'attends rien que de votre cœur. C'est autrement précieux, et cela attache à jamais.

Respectueusement...

François MONS, 31, rue Caumartin.

Lettre écrite de la main de François Mons, mais non signée.

Paris, 13 juillet 1893.

Monsieur,

Je vais vous donner l'origine des deux choses qui vous étonnent tant : 1° Que S. (Sardou) me laisse littéralement mourir de faim, après les services que je lui ai rendus et dont quelques-uns m'ont si compromis, tels que les 22.000 francs que je lui versai pour une pièce *Theodora* dont personne n'avait voulu, **et cela afin d'obtenir son vote.**

2° Que le même S. (Sardou) vous a retiré son autre pièce T. (*La Tosca*) pour m'en donner le placement.

Sardou me laisse mourir de faim aujourd'hui, parce qu'il m'a complètement coulé et qu'il croit que je ne peux plus rebondir ni me faire entendre du public.

Mais pour la T. (*La Tosca*) ce qu'il vous a fait est un peu plus excusable, entre nous. Il m'a volé l'idée de cette pièce, c'était bien le moins qu'il me fit gagner quelque argent en la plaçant. Comme je me réserve le droit de prouver le fait, je n ai plus aucune raison de vous le taire. Cela vous édifiera un peu mieux sur tout ce qui s'est passé depuis six ans.

Paris, le 26 juillet 1893.

Mon cher Monsieur Aron,

... Éclairé par votre dernière conversation, j'écrivis à Sardou en vous quittant, ce que vous m'avez révélé comme par un trait de foudre : — Qu'en somme je lui avais versé 22.000 francs pour *Theodora* contre mon programme adopté par la *Franco-American Agency* — **et cela avant et pour obtenir son vote...**

François MONS.

Fac-simile de la lettre de Louis Ménard reproduite pages 2 à 5 du Mémoire.

8 juillet 1896

Monsieur,

Voici la note exacte, détaillée, confidentielle que vous me demandez pour votre ami

Possédant une petite fortune terrienne qui me permettait de vivre à la Virgile, je me proposais, sitôt mon baccalauréat passé, d'acclimater enfin Shakespeare sur notre scène.

J'allai à cet effet vivre en Angleterre et en Ecosse: là, mes premières maquettes étaient mot à mot, même l'expression anglaise n'ayant pas d'équivalent français, je la mettais entre parenthèse: d'où ma litteralité ultérieure. Après m'être ainsi moulé le texte, je dus l'oublier, pour pouvoir musiquer librement en poésie absolument française et personnelle.

En 1863, je lus à Philarète Chasles diverses ébauches et devant sa nièce Mme Schwartz et sa fille il me dit que je serais le plus grand poète du siècle (sic).

En 1875 j'avais fortement ébauché les principales pièces, même terminé Hamlet, tel que vous l'avez lu dans l'imprimé de 1886.

Coquelin l'ayant lu, en fut ravi et le remit de lui-même à Mr Perrin, administrateur de la Comédie-française qui le confia à Mounet-Sully, pour l'étudier.

En 1876, une bonne fortune littéraire fit que ma vie se bifurquât. Des paysans me trouvèrent deux manuscrits en velin et le livre d'heures de la femme de Louis XIV. Je les étudiai et en 1877 Didot me publia une notice. « Bossuet inconnu » avec les photogravures en fac similés, autographes de Bossuet etc.

C'étaient en effet 2 spécimens du Cours Royal, à peu près inédit fait au Louvre par les précepteurs des Dauphins, depuis la Renaissance jusqu'à la Révolution, enfoui jusque là dans les énormes collections de l'Etat.

Après le succès unanime de cette découverte, l'envie me fit des ennemis : je n'étais ni de l'Université, ni du journalisme, ni d'une cotterie quelconque ; je vivais dans mes terres ; mes trouvailles dérangeaient les vanités, les routines etc.

Pourtant, Mr Bardoux, ministre de l'Instruction publique m'offrit de m'acheter mes 2 manuscrits ; j'en refusai 20000f : d'où ressentiment du monde officiel. etc. — , tout de même, dédicace agréée par Jules Grevy, président de la République, souscription du ministère à mes volumes pour 300 exemplaires (le 1er seul fut payé !)

En 1883, la Revue de l'Enseignement supérieur me demanda un spécimen de la trilogie du Cours Royal sous Louis XIV, comprenant trois volumes inédits :

1° Louis XIV jusqu'à l'âge de 7 ans.
2° Le livre de lecture de son fils sur l'art de gouverner
3° Les Essais de St Simon sur l'Education de son petit fils en 1707.

Par traité, la dite Revue me donna 2000f pour simple communication du tiers environ d'un seul volume.

En 1883, je publiai : Le livre abominable. 2 vol. Monval, archiviste de la Comédie française m'accusa de faire du Molière, demanda mon expulsion des Bibliothèques ; je le fis condamner et mon éditeur répondit publiquement de l'authenticité de mon manuscrit ; mais cela m'enleva la Comédie française. Mr Claretie, ayant succédé à feu M Perrin fit jouer, contre toute justice, l'Hamlet de M Paul Meurice.

En 1886, j'avais commencé un procès, quand ma mère mourut subitement : je dus le laisser là, pour aller recueillir mon héritage.

mes ennemis en profitèrent pour me battre sur ce terrain-là, car par une liquidation notariale encore pendante partiellement je fus complètement dépouillé de mon patrimoine.

Je revins à Paris en 1889 avec ma femme et mes deux fils (10 et 12 ans) Le jour, je dus travailler pour eux; la nuit, fut pour mon Shakespeare.

En 1894, je vendis loyalement mon Cours Royal (le ministre m'en a octroyé la concession) espérant pouvoir grâce à ces 50000 fr. me consacrer désormais tout entier à mon Shakespeare; mais par suite d'intrigues de famille, on me demanda injustement la résiliation du traité! : affaire pendante.

Malgré tout, j'avais fait : 1° Le second Hamlet 2° Othello 3° Macbeth. 4° Roméo et Juliette 5° Le roi Lear 6° Cymbeline 7° Comme il vous plaira 8° Peines d'amour perdues

Mr Mézières, de l'Académie française, le critique shakespearien le plus autorisé, fit en vain tout son possible pour me rapatrier chez son collègue, Mr Claretie.

En août 1895, je fis la connaissance de François Mons et le 1er février 1896, je fis avec lui un premier traité pour le Roi Lear, afin qu'il me le fît passer à la Comédie et pour ce service il me demanda et je lui donnai un tiers; mais me réservai toute signature: il n'y a pas mis un mot.

Un mois après, il me dit que, vous étiez enthousiaste de mon roi Lear que vous vouliez l'imprimer, mais qu'il s'y opposait, l'imprimé enlevant tous droits de scène en Amérique, que vous étiez disposé à m'assurer par une petite subvention mensuelle la faculté de travailler exclusivement à mon Shakespeare; qu'ayant une imprimerie où vous dépensiez 60000 fr par an pour votre satisfaction personnelle et par pur dilettantisme, vous seriez enchanté de faire paraître le Cours Royal, intéressant forcément toutes les têtes couronnées, parce que ce Mécénat splendide ferait pleuvoir sur vous toutes les décorations

bref. il m'invita à dîner, près loin des Bouffes du Nord et me fit
signer un nouveau traité, en me priant de le reporter à la
même date (1er février) que le premier. Je lui cédais en bien
pour tout Shakespeare fait ou à faire et 10 % sur les bénéfices
que pourrait produire la publication du Colosse Royal, une fois
accepté par moi la résiliation que mon acquéreur de 1894 demandait.
Mais il se refusa alors et toujours à me donner votre adresse.

La reprise d'Hamlet se fit : je lui montrai l'ébauche d'une brochure
où il m'avait promis de faire imprimer par vous : il me traîna encore
en longueur à ce sujet : enfin je cherchai un éditeur et trouvai
Savine, qui me dit vous connaître à cause de l'envoi de vos
brochures, imprimées par Mr Schmidt de Montrouge :
un commis livreur de celui-ci, me dit rue du Dragon que vous
aviez une boutique de papeterie (sic) dans les parages de
la rue Lafayette : je ne tardai pas à découvrir votre devanture.

Vos révélations, Monsieur, m'ont ouvert les yeux à
tous égards ; mais je veux, suivant votre conseil, ne pas dire à
Mons que je vous connais et je vais tâcher de ravoir mon
traité et une lettre de Mr Edouard Cadol où il lui dit que
pour déblayer son roi Lear, il va écarter mes pièces littérales
excellentes. etc.

Les Vraies coulisses, le Vrai Hamlet ont paru (Revue Blanche 1er juin)
cela m'a amené la précieuse recrue dont je vous ai touché un mot,
le j. tragédien le plus en vue en ce moment pour les connaisseurs : 30 ans !
l'an dernier, trois grands journaux ont exalté ses créations (je pourrais
vous les faire lire) il est fou de mon Shakespeare ; il veut jouer 1°
Roméo 2° Hamlet. 3° Peines d'amour perdues, la saison prochaine et
pour avoir toute latitude, songe à se faire directeur, à emprunter
donnant entre autres garanties les 2500 f qu'il gagne par mois comme
acteur. en Voilà, Monsieur, la note telle, je crois que vous me
l'avez demandée. et croyez-moi très sympathiquement à vous

Louis Ménard

71 Rivoli

Paris. — J. Mersch, imp., 4bis, Av. de Châtillon.

www.ingramcontent.com/pod-product-compliance
Ingram Content Group UK Ltd.
Pitfield, Milton Keynes, MK11 3LW, UK
UKHW020311220726
13923UKWH00003B/1076

9 782019 935078